英國人入門

蕭曦清——著

The British

推薦序一

前外交部長

二十一世紀最大的特質是全球化，由於交通通訊的發達，地球變小了。跨國企業的發達，企業家往往用甲國的原料、乙國的勞工，在丙國發貨，行銷全球以獲取最豐厚的利潤。此外，地區整合的結果，以往傳統國際法中主權的觀念逐漸模糊，同一地區若干國家的國民和貨物可以自由來往，沒有證照簽證的需要和關稅的壁壘。

人們生活在這樣的世界上，不能像過去的「雞犬之聲相聞，老死不相往來」。不但每個人國外旅行增加，對於世界上任何一個角落發生的事件，都有可能對於自己的工作或生活發生直接的衝擊。所以在二十一世紀成長的人都需要具有國際觀，多了解世界各國的問題、風俗、人情。

我在外交部的老同事蕭曦清君在服公職時足跡遍及亞、美、非、歐等各大洲，他博學強記，手不釋卷。退休後回到母校菲律賓馬尼拉的聖托瑪士大學任教，前後六載。授課之餘寫下幾本學術性的專著，如中菲外交關係史等。這些年他在美國頤養天年，但是好學的本性，仍然促使他不停的筆耕。這次他將多年來先後在各報章雜誌發表過的著作編輯爲《外交風雲》、《中東風雲》、《中東風情》、《日本風雲》、《日本風情》、《非洲風雲》、《美國風雲》、《國際笑話——說話的幽默藝術》和《國際趣聞知多少》、《英國人的幽默》、《美國人的幽默》、《日本人的幽默》、《日本人入門》、《南沙風雲——南沙群島問題的研判與分析》、《英國人入門》、《我國人入門》、《猶太人入門》、《酒的故事》等一系列叢書，實在是一件難能可貴的工程。其中《南沙風雲》曾獲僑聯總會二〇一〇年華文著作獎學術論著項社會人文科學類第一名，獎金新臺幣三萬元、獎章及獎狀。

這一系列叢書中有若干部分是探討國際問題，也有一些是國外的采風習俗，更有一些是引人入勝的趣味小品，可以說是老少咸宜，雅俗共賞。

基於此系列叢書屬國際性，據網際網路透示，美國國會圖書館、哈佛燕京圖書館、紐約、波士頓、西雅圖、臺北市圖書館、中央研究院近代史研究所圖書館、菲律賓國立總圖書館及分館有全部或部分收藏。

在這個全球化的時代，我們又面臨由於網際網路而誕生的資訊爆炸，受不了長時間面對電腦的朋友們也許樂意閱讀這一套，可以很輕鬆就能取得許多國際資訊的一系列叢書。

推薦序二

中央研究院近史所研究員

朱浤源

蕭曦清教授是位既有實務經驗，又富理論基礎的高級知識分子以及職業外交官。對世界，他在美、亞、非等各洲的國與國之間，折衝樽俎前後四十多年；對國家，他擔任過大使級的代表等職務；對學術，他著作等身，既用中文，也用英文來撰述；對生活，他也洞察入微，隨時隨地用一顆體貼的心，來感觸與記述。

我曾拜讀過他所寫的《中非外交關係史》，以及涉及南海諸島主權爭議的《The Nanshas (Spratlys) Disputes》、《南沙風雲——南沙群島問題的研究與分析》，也讀過他發表在學術刊物上其他硬梆梆的文章。對他治學之勤、視野之闊以及胸襟之廣，還有分析之深入，原已極爲佩服，卻萬萬沒想到，他另外還有幾扇窗，開向不同的天地：對曾經到過的地方的風情、國家與國家間的風雲和風情也有所觀察，並予以記述。

今天，他呈現給中文世界讀者的，就是有關外交的種切：地方性的介紹，廣包美國、日本、非洲、中東等地的風情與風雲。但不止此，他還旁及往返國際的許多見聞。細觀這些文章，可以在字裡行間找到作者的智慧、知識、以及用心。以「眼明」、「手快」、「心細」的高明手法，再加上勤勉用功，作者累積了數十年的經驗和智慧，在這一系列風雲、風情錄中開花結果。

每一本書裡，讀者都可以品味到流暢優美的文字。而各族群詳實的風俗、習慣和禮儀，各國不同的外交運作方式，還有社會問題、宗教問題，特別是伊斯蘭教對全球的衝擊來自何種文化。總之，美、非、亞洲以及其他地方，在二十世紀下半葉有些什麼特色，都可在這一套叢書中找到。

蕭代表最特別的，當今世上極少人擁有的資源，其為出使利比亞。在利比亞擔任我國代表期間，蕭博士與利比亞高層時相往來。透過利比亞，他又進入伊斯蘭世界的心臟地帶，從埃及、以色列、阿拉伯到伊拉克。他也曾在菲律賓、美國工作多年，同樣深入的觀察，再擴展到其他的國家與其他的文明。

美國政治學大師韓廷頓（Samuel Huntington）多年前一再放言，各大文明將起衝突。果然在二〇〇一年發生九一一攻擊事件，伊斯蘭教文明真的如他的預言，槓上了基督教的歐美文明。這一衝突的內在理路是什麼呢？蕭教授也有一些觀察，值得讀者閱讀與深思。

我祝賀他出這一套集子的同時，也恭喜讀者，在閱讀這一系列的文章當中，透過智慧的交流，開出心靈的另一片天。

自序

民族（nation），與德語 volk 同，希臘語爲 ethyos 及 demos，拉丁語爲 natio 及 populas，各有兩種意義，即：（一）指血統團體；（二）指國家結合，各具特殊意義。前者爲自然概念上的民族，後者爲歷史概念上的民族。

民族是一群人在自然地理環境中，歷史的長河中，文化和社會的成長過程中所塑造而成的一個有共同語言、共同信仰、共同風俗習慣、共同經濟生活以及表現共同文化意識的穩定生命共同體。

民族性（National character）是一個民族整體的個性。「性格」（Character）源自拉丁文，含義是「被刻進去的」、「被雕上去的」。這個拉丁字由於過去曾被用作地界的標誌，故引申出「標誌」或「特徵」，後來更被引申爲「特性」或「個性」。基於此一認識，民族性著實有「難變」或「不變」的內涵。

民族性即一個民族的基本行動傾向，也就是一個民族內部繼續保持一段相當時間的行動；它包含了這個民族特有的思考方式、行動準則、對事物的觀點和態度的總和。民族性也是一個民族的內在意向潛能。

每個民族都有它獨特的性格和氣質，它雖然難以用言語形容，但都由服飾、言語、風俗、行爲、舉止和習慣等充分表現出來，而給大多數人一種特定的印象。

在人類歷史上，任何一個民族，都具有它自己獨特民族共有根深柢固的性格特徵——民族性。民族性的形成決定於兩項最主要的因素：一是空間的，即地理的因素；一是時間的，即歷史的因素。

如同俗語「十人十色」所言，人人各有秉賦，每個人性格各有不同。這是由於個人所秉賦的先天資質、家庭傳統、生活環境以及後天教養互有差別所致。同樣地民族性格也有所差別，各個民族各有自己獨特的表徵。

民族性是由貫穿歷史而來的，在綜合抽象化之後，表現在全體民族的思想上、態度上和行動上，不僅有其共同性，更有其持續性。而一民族的民族性，由於本身時空因素的變換，其民族性也有變換或演進的空間。

個人有不同的個性，民族有不同的民族特性。以中華民族來說，由於地理環境、氣候、宗教、風俗習慣的不同，就體形而論：北方高大，南方矮小，東方和西方人則介於不高不矮之間，身材中等。以性情論：北方人務實際、多忍耐，南方人務虛榮、多急躁。民族也是一樣，例如在同一所大學裡，請十個美國學生和十個法國學生，站在一起，並不出聲，我們一眼就可看出誰是美國學生，誰是法國學生。何以故？因為美國學生好靜，法國學生好動。又如在同一個住宅區，有十家德國人、十家日本人、十家中國人和十家俄國人，不必問他們國籍，我們只要把這四十戶人家，門內門外窺視一眼，便知道誰是德國人，誰是日本人，誰是俄國人，誰是中國人。何以故？因為德國人、日本人愛整潔，而俄國人、中國人不好整潔。再就我們同膚色的人說，即便都不說話，我們也能從他們的模樣和舉止分辨出誰是日本人，誰是韓國人，誰是泰國人。

每個國家都有它不同的文化特質，而此文化又都與它的民族特性有關。民族特性影響文化，文化也影響民族特性。所謂文化不是指文明，而是比較無形的風俗習尙、處世接物的精神表現。一國所不敢爲，他國爲之；一國所做不到，他國做得到。十九世紀日本閉關自守，美國戰艦闖進江戶灣強行叩關後，接著日本在武力脅迫下與五國簽下一連串的喪權辱國條約。知恥近乎勇，日本從此發憤圖強，「明治（開明的統治）維新」，一夕之間由弱勢的封建王朝躍登爲世界的強權。中國剛好相反，在海上強權入關後仍抱殘守缺，從此淪爲列強的俎上肉，任人宰割。

個人與個人之間，不知道彼此的出身和個性，不足以談交往，不足以搞好人際關係；國與國之間，不懂彼此的歷史、地理、政治、經濟、軍事、風俗、習慣和民族特性，不足以言外交，不足以言搞好國際關係，不足以言文化交流和國際貿易，更不足以言借鏡。但要眞正了解一個國家的民族特性，不能只是用望遠鏡，而是必須用顯微鏡才能深入落實，進窺洞察其內蘊。

民族性的研究，從小處看，有助於發展旅遊，溝通和增進民族間的了解和友誼；從大處看，可作爲擬訂一國外交政策和施政方針的參考。它是一門自古以來普受重視的學問。

民族特性的探討是一個相當複雜的問題。因爲它是由民族全體長期以來塑造而成的綜合體，故於其性格上有其「多變項的因果關係」（Multi-Variace causation and consequence）。譬如，我們看世界各國的成文憲法，以美國憲法爲始祖，但是現今世界各國憲法幾乎都已普及了，然而憲法的制定是人爲的，絕無兩國相同的憲法。同一君主國之中，英國的憲法與義大利的憲法不同，也與比利時的憲法迥異；同是民主立憲的國家，德國的憲法與美國的憲法不同，也與法國的憲法迥異。文藝復興發源於義大利，然而普及於各國後，並無兩國相同。宗教革命發源於德國，然普及各國後，也沒有兩個國家相同的。就如近代主義思潮，其初不過發源於聖西門（Saint Simon）、歐文（Owen）諸人。但影響及於各國後，也無一國相同，美國直至於今仍不過只有組合運動而已，法國社會黨稍見激烈，德國則造成社會民主，俄國則蛻變成蔣維諾，而後又告分裂。何故?社會學派以爲這是各國有特殊環境的緣故，歷史學者則認爲這是各國特殊歷史所造成，務實學者以爲這是民族性所造成。

因爲民族性雖然也受地理環境和歷史的影響，但是既然成了民族特性，也就可以創造歷史，創造和改變環境。

所以要了解和從事世界事務，不可不先了解各國的民族性。但是了解各國的民族性非常困難：第一，非博覽群書不可；第二，非周遊列國深諳各國情形不可；第三，非詳究各國風土人情、精神物質文明不可。若一人要具此三條件殊非易事，只能盡力而爲。

目錄

前言

英國的正式名稱是「大不列顛及北愛爾蘭聯合王國（The United Kingdom of Great Britain and Northern Ireland）」，簡稱「聯合王國」（United Kingdom，縮寫U.K.，與U.S.A.美國對稱），英國的綽號叫「約翰牛」（John Bull，含義是標準的英國人；英國民族）。二十世紀初，曾以「日不落國」的強勢，統治著全世界二十個國家，包括全世界四分之一的人口和土地。

英國只有兩千多年的歷史。西元前六百年，皮克特人（Pict）來到不列顛定居。西元四十三年，不列顛成爲羅馬帝國的屬地。西元四一四年，羅馬式微，退出不列顛群島。五世紀中期，盎格魯—撒克遜人（Anglos Saxons）和朱特人（Jutes）從歐洲大陸聯合入侵。西元八二七年，所有王國合併成英格蘭王國。

「英格蘭」（England）含義是「盎格魯人（Anglos）的國家」。羅馬人占領不列顛群島期間稱當地人爲盎格魯人，含義是「好戰的人」，後來「盎格魯」的發音轉變成「英格蘭」，而在葡萄牙強盛時期，葡萄牙語又轉訛爲「英吉利」。

與英國人交往，切忌將英國人稱做爲 English（英國人民的總稱，與 the 連用）、Englishman（英國人，祖籍爲英國的人），或 Englander（英格蘭人），因爲對方極可能是「蘇格蘭人」、「威爾斯人」、「愛爾蘭人」，或「北愛爾蘭人」。雖然都長得一個模樣，但未必都是「英格蘭人」。英國各地區的人都有極強烈的民族觀念和地域觀念，稱呼錯了，對方口中不講，心裡卻感到不悅。最保險的稱呼是 British（英國人，不列顛人，兩千年前羅馬入侵時住在大不列顛南部的塞爾特人，這塊土地上的原住民）。這樣的稱呼，所有英國人都能接受。

這可從英國國旗的構思上獲得印證：英國國旗爲三個十字架所組成。一二七七年以英格蘭的聖者聖・喬治之旗（爲一白底紅十字旗幟）做爲英格蘭旗使用。一六〇三年，蘇格蘭國王兼任英格蘭國王時，結合蘇格蘭的聖者聖・安得魯斯之旗（藍底白斜十字旗）而成「聯合旗」。一八〇一年，由於愛爾蘭被英國吞併，所以又將舊有旗幟與愛爾蘭的聖者聖・帕得里克之旗（白底紅斜十字旗）相糅合而成現今之「聯合傑克」（Union Jack）米字旗，正式成爲英國國旗。所謂「傑克」，即是船首所掛的小旗。

英國人的民族性，一如其他民族的特點，有其優點，也有其缺點；有其可愛的一面，也有其醜惡的一面。

做爲「約翰牛」，其民族特性不僅表現在「蠻牛」的野性上，同時也表現在一種積極開拓、勇於進取的民族精神上。正是在這種民族精神的推動下，英國人開創了工業革命，建立了大英帝國，樹立它在全球的霸權，進而影響到人類文明的發展進程。

「工業革命」首先誕生於英倫三島，從很大程度上說，正是在於英吉利民族的這種積極進取精神。在大西洋中這個處於歐洲大陸中心以外的偏僻小島上，英吉利民族進行了人類歷史上第一次的工業革命，並建立了世界上第一個工業化國家。工業革命徹底改變了英國乃至整個人類社會。在前工業化時代，即「快樂的英格蘭」時代，英國是較爲典型的農業社會，英國人沉浸在「三畝田，一頭牛」、「日出而作，日落而息」的田園式生活中。然而，彷彿在一夜之間，轟隆隆的機器聲打破了昔日的寧靜，一排排的廠房和高聳的煙囪拔地而起……這一切，都標誌著人類歷史上最偉大的一次革命的來臨，過去無論哪一次政治革命，都不如工業革命那樣，徹底改變了人類的面貌。工業革命進行了幾十年，英國從西歐一個不起眼的芝麻小國一躍成爲世界上經濟實力最強的國家，不列顛群島成爲「世界工廠」，工業文明也開始由不列顛向全世界擴散。

提起英國人，常會令人想到戴著高黑禮帽，身穿燕尾服而手拿長柄黑傘的英國紳士。其實上述這外表裝扮，在現今的英國社會上已不多見，可是屬於傳統的紳士風範，卻在英國人日常生活和舉止上表露無遺：保守戀舊、矜重固執、溫文多禮，反映在典型英國人有板有眼、慢條斯理的生活步調中。他們對許多事物，都或多或少有欣然接受包容的雅量，使火爆場面在一笑之中化解。但他們講話常是轉彎抹角，很少講直截了當的話，更很少講眞話。他們不願談論比較深奧的問題。有教養的英國人，往往不由自主地流露出兩種截然不同的情緒：一種是謙虛有禮；另一種是自視尊貴，高人一等。他們常以嘲諷的心態溫和地過完一生，這就是典型英國人的人生哲學。

英國人的性格和英國的天氣一樣，變化無常，以致英國的政治、法律、社會、外交、文化也無一定公式可循。

英國人的民族特性一如其他民族，是在其特殊地理、歷史、教育等因素的影響下長年累積所蛻變而成的產物，不是其他民族可模仿的。

壹、影響英國民族性的因素

一、地理

英國是歐洲大陸西北方處於英吉利海峽、大西洋和北海之間不列顛群島（British Islands）上的一個島國，是北半球的中心點和世界門戶的地位。

不列顛群島包括兩個大島：東爲大不列顛島（Great Britain），西爲愛爾蘭島（Ireland）。英國本土包括大不列顛（Great Britain）的英格蘭（England）、蘇格蘭（Scotland）、威爾斯（Wales）和北愛爾蘭（Northern Ireland）及附屬島嶼，全國總面積二十四萬四千八百二十平方公里（約合九萬四千二百五十平方哩），人口六千一百萬（二〇〇七年）。不列顛群島位於歐洲西岸各大港口與美洲東岸各大港口之間。這些島嶼表面上雖與歐洲大陸分開，實際上還是附屬於歐洲大陸。因爲附近水深不到二百公尺，而最接近大陸的海峽——多佛海峽（Strait of Dover，英法海峽間的狹窄水道，在法國北部及英國西南部之間，寬僅二十哩）。這種隔離而不孤立的地理位置，既便於吸收大陸上的文物政教，又可以避免大陸上的擾嚷與紛爭；況且，這一衣帶水，又是國防上的天塹。

不列顛群島面積雖僅三十一萬四千平方公里，人口亦僅六千多萬，但自新大陸發現後，大西洋上的交通日益繁盛，不列顛群島更一躍而爲海洋交通的中樞。這對英國國家的蒸蒸日上大有裨益。

愛爾蘭島與大不列顛島最接近之處的聖佐治海峽（St. George's Channel）的寬度，三倍於多佛海峽。

大不列顛島可分爲英格蘭（England）、蘇格蘭（Scotland）、威爾斯（Wales）三部分。因面積小，河流短；泰晤士河（Times River）的長度只有中國長江的十三分之一。然而其地利之厚，海岸線之長，爲歐洲各地之冠，對航業與造船業，影響深遠。在第二次世界大戰前，英國商船噸數占全世界五分之一。

不列顛群島氣候的海洋性，較歐洲西北海岸任何地區都要顯著。由於受北大西洋暖流的影響，更使其終年溫和潤溼。因此，英國緯度雖與西伯利亞相當，然而與西伯利亞冬季的酷寒相比，卻有天壤之別。不列顛的氣候，常產生長期的壞和長期的好，氣象學家稱此為「持續型」（persistency），而英國天氣陰霧之多。也是各國所無，對英國人的性格影響最大。法國聞名的民族性哲學家菲維（A. E. Fouillere）就曾指出：

「英國人因生活於天冷而霧多的環境中，謀生不易，便趨於自私自利、把『利』和『善』混為一談。他們認為『幸福』便是『道德』。不過，他們的個人主義也並非絕對和社會不能兩立。他們的島嶼心態，也是使他們的性格偏於孤立和自私自利的原因，而其國內各種族卻很融合。」

再就倫敦而言，它曾是好幾個世紀以來世界上最富有和最有權勢的首都，也是全英國政治、經濟文化中心，是世界第四大都市，位於英格蘭的東南部，地跨泰晤士河下游西岸，人口一千多萬。它不像巴黎或雅典那樣具有羅曼蒂克情調，不像紐約和東京那樣令人狂熱，也不像羅馬和馬尼拉那樣充滿溫暖的陽光，更不像曼谷或伊斯坦堡那樣具有異國的情調，它是一個具有特殊魅力而相當吸引人的大都市，但同時也是一個充滿了霧氣、雲煙、灰塵、深晦和潮溼的都市，天無三日晴，霧無三日停，因此有「霧都」之稱。每年十一月間霧季開始，濃霧分成黑和黃兩種顏色：黑色的霧含有泰晤士河南岸工業區的大量煤煙，黃色的霧含有大量硫黃，對人體健康都有不良影響。由於濃霧裡夾雜著煤煙粉，所以顯現出一種令人見了會很不舒服的顏色。倫敦的雨幾乎四季常臨，但不兇、不暴，陣雨，大致上膩膩霏霏，來也匆匆，去也匆匆。要美化輕描，不妨吟一句「瀟灑傍迴汀，依微過短亭」（李商隱詩句）；要稱道它，當然追隨詩聖杜甫詠說「潤物細無聲」了。英國不少詩人對這飄忽隱現的點滴，愛用「溫雅之雨」（the gentle rain）一詞；這可說由來有自。

平時，倫敦的濃霧起自黎明前，到下午三時左右才逐漸稀薄，不論何種車輛，白天都要亮著車燈慢慢地行駛，連路上的行人有時也會發生相撞的事件。有人認為，英國人的堅忍性格是在霧裡養成的，因為他們生活在霧裡，每天都要忍受濃霧的侵襲；也有人認為，英國的外交手法，也是得益自倫敦的大霧，因為英國外交人員在國際論壇上的手法，使別人看起來如煙如霧，莫測高深。

英國雖係島國，但和日本的島國不同。日本三島，除「石頭」外，所得地利甚少。至於英國出產，那就很多。以礦業論，就煤炭一項，僅次於美國，每年出產占世界約四分之一強。鐵礦也是世界有名的出產。只此兩種，已足使英國工業稱霸世界，農業雖出產不多，但也比日本豐富。英國地利之厚，是歐洲各國首屈一指的。

從根本上說，地理位置使英國的歷史和文化多少具備不同於歐洲大陸的某種獨特性，也影響了群島上居民的思維意識。十八世紀初，英國著名政治家博林布魯克（Henry Bolingbroke）的一段話反映了英國人的傳統心理：「我們的民族住在一個島嶼上……我們必須記住，我們不是大陸的一部分；當然，我們也永遠不能忘記，我們是它的鄰居。」然而，英國人作爲一個島國民族的固有特性在很長時間被各種因素掩蓋住了。在百年戰爭結束之前，英國人懷著強烈的大陸情結。只是在百年戰爭結束後，英國人才被迫放棄了對大陸的激情。

保持自己的性格且相對獨立於大陸，是島國民族的一大特性，其另一個特性則是海洋發展。雖然在都鐸王朝時期，英國的海外貿易不斷增長，但其在海外拓展勢力的事業並不順利，原因在於兩個領先的海上強國西班牙和葡萄牙已占據了勢力範圍。英國可以對一四九四年教皇亞歷山大六世爲西葡兩國瓜分世界的通諭不加理睬，卻沒有足夠的海上力量來挑戰強大的西班牙艦隊，特別是在一五七一年勒班陀戰役中西班牙艦隊摧毀了盛極一時的土耳其艦隊後，西班牙海軍的龐大實力令任何歐洲國家都望而生畏。但居住在島國的英格蘭民族具有當海盜的天分。英吉利海峽作爲當時最重要的國際貿易通道，也爲英格蘭民族成爲海盜這種有前途的職業提供了天時地利。

二、歷史

早期英國的歷史，如同美國，就是一部侵略者的歷史。

在九世紀以前，斯堪地納維亞半島上的海盜，也就是一般所稱的北蠻或諾曼人，或維京（Viking）人，他們是丹麥人和挪威人的祖先，五世紀以後，由於人口的增加，原來的農耕和漁獵已經不能滿足他們的需求，而南下侵襲劫掠，範圍包括英格蘭、愛爾蘭、西班牙、法蘭克、義大利等地，尤以法國和英國受害最嚴重。

十一世紀以前，由於自身防禦虛弱，英格蘭經歷了無數次大規模外來侵略。入侵者侵占不列顛群島當作自己的地盤，以此爲據點，來對抗新來的侵略者，直至將入侵者同化或被新入侵者征服。經過一千多年的反覆循環，使不列顛群島容納了各種各樣的民族，最終糅合成一個統一的民族，因此，將不列顛稱作「入侵者的熔爐」是恰如其分的。也正因爲如此，英國人很難自稱是完全脫離於大陸的獨特民族。

外族侵略英國始自西元七八九年，也正值七王之亂的時候，渡過英吉利海峽，在一〇六六年進占英國，成立諾曼王朝（Norman Conquest），和居住在英國的塞爾特人、羅馬人、盎格魯撒克遜人同化，再演變成現在包括英格蘭人、蘇格蘭人、威爾斯人和愛爾蘭人在內的英國人。

一三三七年至一四五三年的「百年戰爭」，對英法兩國均有重要而深遠的影響。英格蘭在百年戰爭結束後「退出了歐洲」，法蘭西則在百年戰爭中走向了統一。戰爭的最後階段使英國國王失去了在大陸的領地，英國人和法國人更深刻地意識到他們之間的民族差異。

伊莉莎白一世時期是英國確立民族特性的時期，也是英國走向輝煌，成爲歐洲舉足輕重的強國時期，崛起的關鍵是英國對西班牙的戰爭。

十六世紀八〇年代，歐洲的均勢向西班牙傾斜。一五八〇年，菲利普二世併呑葡萄牙，將葡萄牙本土及其龐大的殖民地據爲己有，西班牙帝國的實力大增，解決英格蘭問題已擺上了菲利普國王的日程，在其他手段用盡後，只剩下戰爭一條路。一五八八年春，由西多尼亞（Medina Sidonia）公爵指揮的西班牙「無敵艦隊」啓航，殺向英格蘭。就軍事力量對比而言，英國女王所能調集的海陸軍非常有限。但在此危急關頭，英格蘭民族最寶貴的特性顯露出來了，就是鎮靜與自信。英國人藉著鎮靜與自信，抵禦了自羅馬時代以來最強大的西班牙帝國進攻，激發了英國人的民族精神，爲以後發展大不列顛帝國奠定了基礎。

大英帝國當年的風光是在反道德、反人類尊嚴與殖民暴政的基礎上建立起來的。十六世紀初期，英王亨利八世爲行其姦淫玩弄美女的獸欲，處死西方聖人湯瑪斯摩爾主教，而脫離羅馬教皇獨立，脫離道德束縛爲所欲爲；其女伊莉莎白一世藉大西洋海盜之力打敗西班牙無敵艦隊，開始稱霸大西洋三百年之久。三百多年來，大英帝國屠殺美洲的印第安人、非洲黑人、亞洲阿拉伯人、印度人、中國人、馬來西亞人，以砲艦外交奪取全球殖民地與海軍戰略要地，而完成其血腥的「日不落帝國」。

在與外國商船，尤其是西班牙金銀運輸艦隊不斷的對抗中，英格蘭海盜民族意識和對伊莉莎白女王的忠誠感持續增長，直至願爲女王陛下英勇獻身。正是這段長期的海上劫掠活動，培養出了一批日後英國皇家海軍的精英。

「光榮革命」後，英國國內長期的政治紛爭終於結束，對外殖民擴張成爲國家關注的重點。在此後近一個世紀中，英國積極參與了和歐洲各國爭奪世界霸權的競爭，至一七六三年英法戰爭結束時，英國已經建立了以北美殖民地爲中心的龐大第一帝國，爲以後英國成爲「世界工廠」提供了廣闊的海外市場。

英國歷史上，影響英國人民族性最大的是「立憲運動」、「產業革命」和「殖民地膨脹」。

第一是「立憲運動」。英國的立憲運動，前後共三次。第一次在十二世紀末，當時英國的君主都是些昏庸而暴虐之輩，人民敢怒而不敢言。一一九〇年，約翰王即位，常對外用兵，因而苛捐雜稅奇重，卻又屢戰屢敗，民不聊生。一二一三年約翰王三世在位時，全國修道士和諸侯聯合要求，以一一五四年亨利一世的「自由憲章」爲藍本，簽頒大憲章（Magna Carta），改革當時弊政，並限於一二一五年前答覆。迨限期已至仍未覆，諸侯與修道士組「神威軍」，進迫王宮，約翰王三世從後門逃逸。一二一六年，約翰王三世去世，亨利三世繼位，前後於一二一六、一二二五、一二三七、一二六一、一二九七、一二九九年七次開議，定名爲「自由大憲章」，是爲「第一次立憲運動」，也是英國今日憲政的肇始。

第二次立憲運動，始於一六〇三年，女王伊莉莎白逝世後，因她沒有兒子，由她表姐蘇格蘭女王的兒子詹姆士一世（James I）入繼王位。從此英格蘭與蘇格蘭共戴一君，這正是紛亂的開始。在習俗迴異等情況下，兩地議員同聚一堂，衝突頻仍，詹姆士王優柔寡斷，議員態度惡劣已達極點。一六二五年，詹姆士王逝世，他的兒子查理一世（Charles I）繼位，亦爲獨裁專制昏庸暴君，經常違反大憲章。一六二八年，查理士王對法宣戰，要求軍費，橫徵暴斂，議會遂提出「權利請願書」，迫查理王簽署成立，規定國王不得向人民徵收任何捐稅。

自權利請願法案成立後不久，王室與議會衝突又起。議會彈劾政府，或杯葛預算，議會遭解散，議員被捕者眾，並武力相向，查理王竟被亂民擊斃。其弟詹姆士二世即位，詹姆士篤信舊教，不爲英國人所容，另迎其女婿荷蘭王威廉第三（William III）入主英國。同時，英國國會議決：國王不得違反國家大法，不得擅自徵稅，不得設常備軍等。威廉王接受，對君權的限制更加明顯，國會掌握全國最高權力，是爲第三次立憲運動，從此結束了英國的專制王權。

英國雖然經過這三次立憲運動，卻始終沒有一部完整的憲法；而直到今天，所有英國人恪遵不渝，充分顯示出他們特異的民族性，以致後來世界各國的憲法都受其影響。

在十八、十九世紀，英國並非是個統一的國家，不列顛群島上有四個民族，三個政府和兩個獨立國。大不列顛島包括三個民族區域，即蘇格蘭、威爾斯和英格蘭。每一民族都是不同的個體。英格蘭人信奉基督教，愛爾蘭人則信奉天主教。英格蘭人長期干涉愛爾蘭人的內政，引起愛爾蘭天主教徒嚴重反感。

一一七二年，英王亨利二世渡海征服愛爾蘭，置愛爾蘭於英國統治之下，但各有其獨立議會。一八〇一年，英國首相小彼得以金錢賄賂及武力威脅，迫使愛爾蘭國會與英國國會合併，國名改爲「大不列顛與愛爾蘭聯合王國」（United Kingdom of Great Britain and Ireland），簡稱「聯合王國」（United Kingdom，簡稱U.K.）。二次大戰前，有些政黨利用這個弱點，挑撥離間，極力煽動，造成愛爾蘭人民政治上的分裂。北愛爾蘭人信奉基督教，與英格蘭人信仰相同，因此，北愛爾蘭人常爲英國政府辯護，關於這一點，南愛爾蘭人指責英格蘭人處理不當，反抗不休，拒與英國合併。英國被迫於一九二一年承認愛爾蘭南部二十六郡爲獨立自由邦，嗣於一九四九年獨立，但北部仍屬英國統治，國名從此改爲「大不列顛與北愛爾蘭聯合王國」。聯合王國沿用議會制的君主立憲國，南愛爾蘭共和國則改爲議會式民主國，總統由人民選舉。英國人在這種環境下孕育出愛好民主和崇尚自由的習性。

第二，英國歷史上影響英國人民族性最大的是「產業革命」。英國在十八世紀，由一七三八到一七七九年這四十一年之中，紡織業用的機器，先後發明有五種之多。一七三八年發明「飛梭機」，一七四八年發明「梳掙機」，一七六四年發明「奇尼機」，一七六九年發明「水手紡織機」，一七七九年發明「茂爾機」，從此世界經濟，由家庭經濟轉變爲全民經濟，而這一轉變來自不動聲色的英國人。

第三，英國歷史上影響英國人民族性最大的是「殖民地的膨脹」。當時殖民政策在歐美列強中風行，不足爲奇，如葡萄牙和西班牙的殖民是由於著手最早；法國的殖民是由於早有統一強大的國力作後盾；美國的殖民地是由於地大物博使然。只有英國，著手殖民既不甚早，遠落他國之後，所持以爲後援的不過是孤立的三個島嶼，而且各處殖民地都是從列國手中爭奪而來，乃至卒得勝算，竟成了當時世界第一大國。

英國自十七世紀後期開始，雖王室有興替的變遷，但用武力爭奪政權的情形已不復見。生產方面又有瓦特發明蒸氣機，觸發了產業革命，激起英國人積極向外發展的雄心。因此，從十七世紀後期開始，英國就向北美探求殖民地，逐漸占有北美十三州，又進一步與法國爭奪加拿大和密西西比河谷，在一七五六年爆發了戰爭，結果英國戰勝，在一七六三年的巴黎和約中，法國只好將加拿大的一部分和密西西比河的東岸割讓給英國。

一七七六年，由北美十三州所組成的美國，宣告脫離英國統治而獨立，使英國在對外擴張受到了嚴重的挫折。但從一八三〇年起，英國在維多利亞女王手中，又開始慢慢走上全盛時代而達到英國向外發展的顛峰狀態。國內也正值工業革命初期，紡織業機械化爲英國掀開序幕，到一八四〇年全部機械化。

一八三九年，英國政府統治了紐西蘭和澳洲。一八四一年，從荷蘭人手中奪得了南非的好望角。接著取得了蘇黎士運河的特權，並將塞浦路斯、馬爾他、亞耳丁、可倫坡、緬甸、新加坡和印度置於統治之下。一八二〇年代，英國向中國輸出大量鴉片，毒害中國人民，平均每年銷達八千箱；一八三〇年代，平均每年銷達一萬七千多箱；至一八三七年，達三萬五千多箱，總值二億三千多萬美元。

清廷厲禁，引發鴉片戰爭，開列強對中國不平等條約之先，迫清廷割讓香港，強租九龍及威海衛，並開上海、寧波、廈門、福州和廣州爲商埠。

至此，「大不列顛與北愛爾蘭聯合王國」在艦堅砲利的強勢擴充政策之下，領土遍及全球，成爲「日不落帝國」，以「海上霸王」、「世界盟主」自豪。爲了有效統治這一廣大殖民地，「聯合王國」又與二十個「自治領國家」組成「大英國協」，或稱「大英聯邦」（British Commonwealth Nations），亦稱大英帝國，做爲英國本土和所有屬地的總稱。大英聯邦擁有的屬地面積占全球陸地四分之一，大於中國或歐洲三倍，大於英國本土一百四十倍，其所統治的七億五千萬人口占全世界人口總數的四分之一，與當時中國或歐洲的人口相當，大於英國本土人口十倍。其領土既散布於全世界各地；而人民又包含各種不同種族，像這樣一個幅員廣大、成分複雜的帝國，其可說是無與倫比的了。

大英帝國領土因過於龐大，不得不採用各種不同辦法來統治，使這些領土與英國本土保持聯繫。因此，大英聯邦的政治組織五花八門，異常複雜，按其性質，可分爲「自治領」（Dominion）、「直轄殖民地」（Crown Colony）、「保護地」（Prote Torate）、「代管地」（Mandate）等。

其中有些文化較高的地方做爲自治領，如加拿大、澳大利亞、南非聯邦、紐西蘭、印度、錫蘭、巴基斯坦、馬來西亞等。這些自治領僅採用「同伴」的友誼把它們聯繫在一起，例如印度，雖是大英國協中一個會員國，並承認英國女王爲大英國協的元首，它卻是一個根據自己的憲法而建立的共和國。這些自治領在大英國協中，均爲獨立自主之國，並且，只要他們願意，可以自由地脫離大英國協。

直轄殖民地居民多屬土著，因軍事上或交通上有特殊價值，在政治上由英國殖民部直接管轄，如馬爾他和直布羅陀，均因地扼咽喉，而成爲英國地中海重要海軍基地，又如當時的新加坡、亞丁、紐芬蘭等都是。保護地大抵是利用當地原有土酋，在不違反英國利益的範圍內，去統治當地土著，如以前印度的土邦等。代管地則是一次大戰後由國聯委託英國代管的土地，如西南非等。

三、王室

英國迄今仍保存著許多古老傳統，國王也是這種古老傳統之一。在國王「御而不治」的形式下，它表面上仍像是個「王國」，國王稱其人民爲「子民」（my subjects）；法律上提到各部會首長還是稱「國王的大臣」（Crown Ministers），且「尊王無誤」（King can do no wrong）；而新王加冕時依然採用古代的隆重儀式。巍峨的白金漢宮和騎著高頭大馬、穿著紅色制服的皇家衛隊，依然十足地象徵英王的威權。

理論上，英國國王仍擁有國家最高權力，他是陸、海、空三軍的大元帥，教會的最高領導人，所有政府機構都是秉承國王之命行事，首相及各部大臣都是他的臣僕，他們的政權由國王授權，但首相實際上經由全體人民選出，國王沒有任何的政治權力，也不能從事任何政治活動、或自行發表任何政治性談話，從不接受記者訪問，因此也沒有任何政治上的責任。但他仍享有最高的榮譽。國家的一切榮譽、爵位或獎章，都由國王頒發，遇有外國元首來訪，也由國王出面邀請、迎送、接待，國宴設在白金漢宮，但討論外交關係等問題則在唐寧街（Downing）十號英國首相官邸與首相討論。

英國國王是國協的元首，所以他又是國協各會員的元首，一般人對國王或女王的稱呼，在正式場合或文書上都稱爲「陛下」。作爲一國之君的英國女王，她的頭銜在世界上的元首中，是最長的。

現在英國國王正式頭銜是：「伊莉莎白二世，奉天承運，大不列顛與北愛爾蘭聯合王國及其他領土與屬地之女王，國協元首，護教者。」（Elizabeth the Second by the Grace of God, of her United Kingdom of Great Britain and Northern Ireland and of her other Realms and Territories, Queen Head of the Commonwealth Defender of Faith）。

一九四七年，伊莉莎白與菲利普結婚時才二十一歲，還是公主，菲利普親王與伊莉莎白結婚前是希臘王子，在希臘王位的繼承人名單上，他排名第六位。這位英俊青年在第二次大戰期間，於英國海軍服役，官拜海軍上尉，他的母親是蒙巴頓爵士的姐姐，祖先是一八四五年即位希臘王的丹麥王子威廉，所以這位菲利普王子是希臘王子，又是丹麥王子，卻在英國連續居住二十五年。因他自幼在英國長大，根本不講希臘語或丹麥語，事實上完全和英國人一樣。他在與伊莉莎白結婚前，放棄希臘王位的繼承權，改入英籍。伊莉莎白婚後不改從夫姓，仍姓溫莎。

一九五二年，英國女王伊莉莎白二世即位的加冕儀式，引起舉世矚目，各國新聞媒體，都派出大批工作人員，透過通訊衛星電視現場轉播，全球觀眾目睹此一盛況。

英王成爲傀儡元首後，人民把他當作國家的象徵、主權的代表，英國政治儘管骯髒，英王永遠代表純潔；內部儘管傾軋，國王代表統一；國勢儘管衰微，英王永遠象徵帝國的偉大。何況英國尚須利用「不列顛國協」這個組織，而英王對國協能發生聯繫作用。世襲的國王也是確立國家元首最簡易的辦法。

英王不能自由選擇首相人選，也不能斥退他所不喜歡的首相；在首相沒有提請總辭之前，英王不能強迫內閣下臺；首相能否繼續執政，決定權在平民院；而首相提請總辭之後，英王亦不得挽留；不能決定任何國是，就連英王個人私事也要遭臣下干涉，無自主權。愛德華八世因欲與辛普森夫人結婚而被迫遜位，王室中人，凡有攝政可能者，其私人行為也受束縛，瑪格麗特公主與湯森上校的戀愛就因遭大主教反對而中止。

二次世界大戰後，歐洲王室已逐漸凋零，西班牙國王已被佛朗明哥放逐；南斯拉夫國王戰時流亡未返；義大利戰後，皇家也成為庶人；和英國王室攀親最多的德國王室，更已支離破碎。只剩下英國、希臘、義大利、比利時、荷蘭、盧森堡、瑞典、丹麥的王室還在苟延殘喘。

英國王室的地位，隨著英國國勢的沒落，現已完全失去往昔的光輝。在英國流傳兩句格言：「The King is dead, Long live the King.」（國王已死，國王萬歲。）

這兩句話聽起來非常矛盾，其實合乎邏輯。過去王權至高無上，形成君主專制，「朕即國家」，國王操縱生殺大權，故有「King can do no wrong.」（王無誤）的狂妄之言，如今英國已實現民主，王權絕滅理所當然，故「國王已死」。而在國王成爲傀儡以後，與世無爭，同時又無權過問政事，「王無誤」這句話依然成立。正因爲他一無所能，反而無妨讓他長久存在，故又「國王萬歲」。這充分顯示了英國人的穩健性格，和在政治上的睿智與幽默。

有人說：英國的王室，好比一個蘇格蘭陳年威士忌酒瓶，酒瓶仍在，但瓶內的酒液早已滲雜過無數次劣酒和其他各式飲料，現在酒瓶裡香醇的陳年威士忌酒味全都已流失，殘存在瓶內的液汁，酸甜苦辣鹹，五味雜呈。只剩外觀包裝漂亮虛有其表的威士忌酒瓶，仍擺在窗櫥做裝飾品。

國王在各種社交場合，仍然是一國之「君」。人人以一睹龍顏爲榮，國王出遊仍照傳統乘座敞篷式馬車，讓臣民瞻仰。依據這項傳統，不論任何時候，絕對不能在臣民前表示疲勞厭倦，在群眾集會萬民歡呼聲中，永遠精神抖擻，笑顏常開。伊莉莎白二世女王早在公主時代，就曾受過長期特種訓練。

英國女王雖然不直接干預政事，但對英國政治並非不聞不問，她每天平均得花上兩小時來閱讀政府特別選送的政情摘要報告，每週二下午六時，英國首相都要謁見女王商談世局與國政，風雨無阻，地點是在白金漢宮御書房或別墅，如溫莎堡、巴拉摩爾莊園，有時也在御花園散步閒談，旁及花草蟲魚的生活情趣，兩人的機要祕書通常都在週一事先把交談的要項寫在卡片上，各送一份。兩人見面時，除談卡片上所記問題外，也會毫無拘束，天南地北，無所不談，有時候遇王夫愛丁堡公爵經過，也最多彼此打個招呼。

這項每週二首相謁見英王的陋規已有兩百多年的歷史，自羅勃・伯拉爾首相任內就開始了，歷經了五十多位首相。伊莉莎白二世女王即位以來，已歷任十位首相：邱吉爾、艾登、麥克米蘭、道格拉斯荷蒙、威爾遜、奚斯、威爾遜（第二度當選）、加拉罕、柴契爾、布萊爾、勃朗和現仍在位執政的卡麥隆。

一九五二年，伊莉莎白二世女王即位，只有二十六歲，而邱吉爾首相當時已七十八歲，覲見女王的情景，猶似老祖父與孫女兒話家常。但英王對首相仍有影響力。一九六五年，加拉罕以工黨黨魁接替威爾遜就任首相後，並不是自動就成爲首相，必須等女王邀請他組閣，他才有首相的名位。一九七九年春，柴契爾當選首位女性首相，也是要等女王邀請進白金漢宮，受女王任命，才正式成爲首相，組織內閣。

當平民院選舉保守黨獲勝時，女王循例召見保守黨黨魁柴契爾夫人，授命她組閣，由她呈上內閣名單，請女王批准。接著女王也要召見工黨黨魁，告訴他授命組閣之事。平民院首次例會時，由女王宣讀新內閣所擬定的施政方針，作爲詔書。

女王對世界局勢和英國國計民生瞭若指掌，每次首相對問題所提的見解，幾乎還不及她的看法深入。威爾遜首相就曾在回憶錄中提到，當女王提到一些經國大事，他如果不熟識甚至一無所知時，就好像老師向小學生提問題，自己答不出來，手足無措，場面十分尷尬。

伊莉莎白二世在位六十年，對政事從不間斷，不只是熟悉，而且有連貫性。

女王每年秋季，都要主持新一屆國會開幕儀式，每年四月二十六日，她的生日那天是英國法定的國慶日，必須要主持閱兵，於陣亡將士紀念日主持獻花儀式，並接見造訪英國的貴賓等。國內一些慈善義演，醫院、學校啓用等也少不了請她主持，不過這類事現在多由王夫、王子或公主代勞。

二〇一二年四月，伊莉莎白女王已八十六歲，英國女性法定退休年齡爲六十歲，但她健康情形良好，仍常出國訪問。自登基六十年來，僕僕風塵，已訪問過七十多個國家，出國總行程高達一百三十多萬公里，等於環繞地球五十多圈，是英國歷史上出國次數最多的君王。

英國王室由議會每年撥發王室費七百九十萬英鎊（約合一千一百四十萬美元），主要用於維持王室日常事務運作和開支，包括女王出國訪問、舉辦宴會、室內裝璜和雇傭人等項目，而實際開銷卻兩倍於此數，超出七百萬英鎊（約合一千零一十萬美元）。按照規定，王室費每隔十年會通過協商予以確定，而七百九十萬英鎊的標準已經二十年沒有調整，但英國的零售價格指數在此期間已經增長了百分之八十。

因此，白金漢宮於二〇一〇年六月，趁保守黨在大選中獲勝，與自民黨共組新聯合政府之際，和新首相卡麥隆進行祕密高層對話，目的是爲王室增加財政補貼。這是英國女王伊莉莎白二世二十年來首次要求「加薪」。

英國王位的繼承人是有其歷史傳統的。以目前的情況來說，查爾斯（Charles Philip Arthur George）王子是第一位王位繼承人。他的兩個兒子威廉（William）和亨利（Henry）是王位的第二和第三繼承人。

二〇一二年二月六日，英國展開爲期近半年的女王伊莉莎白二世登基鑽禧（六十周年）慶祝活動，高齡八十六歲的女王發表感言說：「有生之年將繼續獻身爲民服務，永不退位，希望我們都能記得團結的力量，了解敦親睦鄰的重要。」女王還感謝英國人民一甲子來的支持和鼓勵，似乎意在消除她打算遜位的傳言。伊莉莎白二世是英國在位時期第二長的君主，僅次於維多利亞女王的六十三年又七個月，她將在二〇一五年超越維多利亞的紀錄。

二月六日正午，愛丁堡城堡施放二十一響禮砲，海德公園和倫敦塔也各施放四十一和六十二響禮砲向女王致意。禮砲通常是二十一響，但若在倫敦塔發射，就增爲四十一響。遇王室周年慶典則增爲六十二響。

由於父親英王喬治六世一九五二年猝逝，當年只有二十五歲的伊莉莎白自非洲兼程趕回倫敦繼位，二月六日登基，但翌年六月二日才正式在西敏寺大教堂加冕，因爲英國傳統上不在君王逝世後的哀悼期舉辦慶典。

二〇一二年的官方主要慶典在六月二日至五日舉行，包括白金漢宮露天音樂會、聖保羅大教堂禮拜及千艘船隻，包括中國龍舟盛大遊駛泰晤士河。此後，女王偕王夫走訪英國各地，威廉王子夫婦往訪加拿大、牙買加和所羅門群島等大英國協國家。

首相卡麥隆盛讚女王以「高尚品格和沉靜權威」領導英國，並反駁外界暗指女王「只是亮晶晶的裝飾品」的說法。

在公眾面前，女王雖待人親切，仍與子民保持距離，以維繫王室的神祕感，在私人領域中富幽默感，但看重隱私。

伊莉莎白二世一九二六年四月二十一日出生於倫敦，原名伊莉莎白・亞歷山德拉（Elizabeth Alexandra Mary）是英國王朝君主英王喬治六世的長女。

女王與夫婿菲利普親王（一九二一年六月十日生於希臘，是希臘和丹麥的王子）是遠房表兄妹，於一九四七年十一月二十日結婚，有四個子女。幼子愛德華一再重演高調離婚戲碼，致使女王形象受創，戴安娜王妃車禍去世，王室受到輿論撻伐，女王始終待在宮中，不發一語，默默地照顧戴妃的兩個小王子。

英國非政府組織「農業貼補」調查發現，自二〇〇二年至二〇一二年，女王伊莉莎白二世從歐盟獲得高達七百萬英鎊（約一千二百零七萬美元）的農業補貼。此舉引發道德爭議。歐盟農業補貼最大的受益者並非一般農民，而是英國女王等擁有大莊園的皇親國戚和大地主。二〇一〇年，女王獲得五十萬英鎊（約七十九萬美元），查理王儲獲十萬英鎊（約十六萬美元）。英國最富裕大地主西敏寺公爵也獲得六百萬英鎊（約九百五十萬美元）。

依照歐盟農業政策，農業補貼是按照土地面積，而非個人財政、需求發放的，擁有土地越多，補貼越多，所以，女王等並未違反法規。

伊莉莎白女王登基鑽禧，有議員提案由英政府為女王買一艘新遊艇作為禮物，首相卡麥隆認為，他支持女王獲得新遊艇，「但用納稅人的錢去買並不合適，她應該自己買單」。取而代之的是由卡麥隆提案，下議通過「大笨鐘改名伊莉莎白鐘」。

英國王室曾擁有專屬遊艇「不列顛尼亞號」，用了四十四年搭載王室成員完成九百六十八次航行後，於一九九七年退役，伊莉莎白女王曾因此落淚。現英國財經衰落，女王恐怕還得繼續傷心下去。

二〇一二年五月十一日，王室為伊莉莎白二世登基鑽禧，邀世界各君主在溫莎城堡午宴，卻因邀請了人權紀錄不佳的史瓦濟蘭國王史瓦帝三世與巴林國王哈麥德，而引發場外抗議。

二〇一二年五月二十二日，有花藝與園藝奧斯卡獎之稱的英國切爾西花展在倫敦登場，英國女王伊莉莎白二世在開幕當天前往參觀，連續第三年親臨臺灣蘭花展攤，對臺灣饒富深意的設計與優質蘭花印象深刻，對臺灣蘭花產業再次給予肯定。王室成員同往者包括安德魯王子、麥可親王伉儷及肯特公爵等。

臺灣蘭花產銷發展協會二〇一二年以「龍掌乾坤」爲設計主題的展攤，全部使用由臺灣空運來的五十個蘭花品種、一萬朵最高品質蘭花。女王表達高度興趣，特別詢問駐英代表沈呂巡，以客家花布包覆的天燈代表什麼意義。

沈呂巡表示：二〇一二年是農曆龍年，龍的造型代表王室，天燈有祈福之意，再配搭代表奧運的五色圓環，代表臺灣人民祝賀女王登基六十周年鑽禧，並預祝倫敦奧運圓滿成功，女王聽後微笑頷首致謝。

四、國會

英國是議會制國家，國會是議會政治的靈魂，它實際享有至高無上的權力，不但可以宣戰立法，還可以裁定國王違憲。因此，王朝體制下國王所代表的主權，事實上是由國會來運作的，稱之爲「議會裡的國王」。

國會大廈雄偉浩大的建築，原是王室的皇宮。西元一五一二年，亨利八世另遷他處，此地就變爲貴族院的代表們開會的場所。一八四〇年後，平民院的議員們也在此闢了一個廳堂做爲商議國事的處所，這兩個議會一直沿用至今。一九四一年二次大戰，德軍飛機濫炸倫敦期間，國會大廈曾嚴重損毀，現在的建築是戰後才修建完成的。

「平民院」位於國會大廈北端，靠近大笨鐘（Big Ben）；「貴族院」位於南端，靠近維多利亞塔。如果任何一院的會議正在進行，維多利亞塔會升上國旗，晚間大笨鐘也會燈火通明。因此，過往行人只要看到國旗或大笨鐘就能知道議員諸公是否正在開會。

「平民院」是較具民主精神的議院，議員由人民直接選舉產生，現在人數六百五十人。議會桌畫分爲左右兩半，右邊是執政黨的席位，左邊是在野黨的席位，左右兩邊相對而坐。全部席位只有四百三十七個，遇有重大議案討論時，議員全體出席，議堂會擁擠不堪。但這是特意設計的，因爲平時議程無啥特殊，議員出席不踴躍，議堂顯得大小適中。

「貴族院」是英國數百年來王朝政體下的特殊產物，議員多屬有頭銜或爵位的「貴族」，他們的議員爵位有的是世襲得來，有的是由國王新封，但都不是人民選出來的。「貴族院」實際上已無任何權力，對「平民院」通過的議案，貴族院多半自動給予認知和支持，貴族議員們所能做的只是討論政府的各項政策，並提供建議而已。

議長的權威不僅建立在他是除了皇族外，階級居全國第六的人物（次於坎特伯祿大主教、約克大主教、上議院議長、首相及樞院議長）。更基於六百多年來的一統，他可以輔導甚至於操縱議會運作。自議會准許開放「聲音」轉播後，因英國百姓可藉收音機聽到，他們選出的區議員是否活躍地爲他們爭取權益，於是乎，議員們無一不使出渾身絕招，甚至不惜譁眾取寵，爲的是吸引議長的注意，以取得更多的發言權。

議長的一項重要職務，即是主持平民院院會的討論，並爲維持程序上的秩序而應執行的各種規則，其中牽涉到許多微妙的技術性問題。

做爲議員，辦事能力強固然重要，但辯才無礙，機靈巧思更不可少，無論理直與否，氣壯勢爲必然。因此議長若要成功地周旋於頭角峥嶸，來自十多個大小不同黨派的六百三十名議員之間，非要歷練出絕好的功力修養，否則不足以駕馭這批脫韁野馬。

議長有許多權力制衡議員：如制止議員們鹵莽行爲，譴責非適時的言語（如破口大罵對方騙子、僞君子之類），命令口出惡言的議員收回不當話語，倘仍違抗，則被逐出會場。若舌戰激烈已達劍拔弩張地步，議長可當即下令中止會議。

但議長權力須在恰當時刻運用，並具詼諧措辭天分，才能即時排除紛爭，化除緊張，同時取得議員們的信服與敬重。

在尚處於民主學步階段的臺灣國會殿堂，袞袞立委諸公比武過招，架勢早已舉世皆知，更別說以潑婦罵街方式侮辱對手的列祖列宗。然而在現代議會制度發源地的英國，由於受數百年民主傳統薰陶與語言禁忌的約束，國會議員若想辱罵政敵，除非「迂迴取勝」，否則不可得逞。

數世紀以來，英國國會始終努力維護維多利亞女王時代「皇家國會」建立的「紳士俱樂部」形象。今日的英國國會議員雖不再穿大衣戴高帽赴平民院開會，但國會的語言規格自十九世紀以後沒有改變。

一九九五年三月，梅傑首相在國會平民院罵在野的工黨黨魁布萊爾是「笨蛋」（Dimwit）後，平民院議長布斯洛伊德女士遵循傳統，在翌日發表特別聲明提醒國會議員以「良知和節制」來進行討論，但未指責梅傑不守國會規範。

「笨蛋」在英國平民院算是詆毀的字眼。在平民院，議員必須假惺惺地向對手表示尊重。在柴契爾首相期間內，左派議員被迫抑制對她的厭惡，並在抨擊她時先尊稱她爲「正直可敬的女士」（The Right Honorable Lady），她也以讚美之辭回敬政敵爲「可敬的紳士（The Honorable Gentlemen）」。

柴契爾若提及貴族院議員的言論時，會尊稱他爲「尊貴的爵士」（The Noble Lord）。使用這種與國會相符的語言，是歷史悠久的英國議會特色。

五、政制

世界上大部分國家都有憲法明文規定國民應享的權利和應盡的義務、國家的主要機構，以及國家的基本國策，但是英國沒有這種憲法，因此一般稱英國憲法為「不成文憲法」，它是根據國家一些重要的歷史性文件、社會習慣、法院判例或國會通過的一般法律，確立國家組織的基本原則，然後以這些基本原則來代替憲法。這些重要文件如一二一五年的大憲章、一六七九年的人身保護令、一六八九年的權利法案、一七〇一年的殖民法和一九一一年的國會法等。

英國國家的政治體制，在法制上，立法、行政、司法三權分別由包括國王和上下兩議院組成的國會、內閣和法院所行使，並採取君主立憲和王位世襲的制度。國王是國家和大英國協名義上的元首，實際上國家權力是由行政、立法和司法三種機構分別掌理。

行政權操在內閣手中，內閣首相由大選中獲勝的執政黨領袖擔任，在形式上由國王授命組閣。閣員約二十一人，由首相從本黨平民院議員中選任。內閣執法很嚴，須向國會負責。首相可以解散平民院進行新的大選。內閣除了首相外，還設有外交部、內政部、國防部、商工部、就業部、環保部、農漁食品部、勞工部、出口信用保證部、財政部、衛生部、社會福利部、掌璽部、教育部、運輸部、能源部、關務部、公平交易部、蘇格蘭部、威爾斯部、北愛爾蘭部和蘭卡斯特直轄地部等。

英國的政治，看似不變，其實在變；中國的政治，看似在變，其實不變。在過去一百年內，變得最快也最多的，竟然是一個最老也最保守的英國。

一百多年前，英國的徽號是大英帝國；半個多世紀前，英國的招牌改爲大英聯邦；到了現在，只可稱爲聯合王國。大英帝國氣勢浩大，有近八十個殖民地，占全球面積的四分之一，占全球人口的三分之一。直布羅陀緊守地中海入口，好望角緊握向東航道，福克蘭群島則緊扣麥哲倫海峽，新加坡與香港更是重要的軍事基地。殖民地亦養肥了大英帝國，使它成爲世界的支配者。但德國的崛起，差一點占領了英國，夥同日本，侵蝕了英國的殖民地。

因此，到了二次世界大戰之後，英國縮小了幾十倍。但英國人是最懂得「節哀順變」的，戰後的英國，瘡痍滿目，氣勢不再，殖民地紛紛獨立了，英國只好求其次，窮則變，變則通，走一條中間路，就是將獨立之後的殖民地吸納成一個所謂「大英聯邦」。和「大英帝國」比較，只少了幾個成員，卻維持了全球最大的規模，英國女王由實質元首變成了「榮譽」元首，在國際上仍具有舉足輕重的作用。因此這是英國的做大，而非獨大。

英國式的政治，給了世界各國相當多的啓示：第一，民主制度完善，人民有選擇權。政黨交替，使政策無法走向極端；第二，理論基礎紮實，就舉凱恩斯的經濟理論爲例，他的自由經濟學說，通漲調節原則，是英國任何政黨都會遵守的；第三，是不時變通的習性，大帝國可以雄霸世界，但小國家仍可縱橫各國；第四，是夾縫中求表現的道理，今天少了一個大英聯邦，但仍可在美國聯邦與歐洲聯盟之間轉動自如。

六、文化

英國民族形成的重要標誌之一，便是以英語做爲官方用語的確立。一〇六六年，威廉（William of Normandy）征服英格蘭後，諾曼人所操的法語在很長一段時期內是英國的官方語文，但盎格魯撒克遜人所操的所謂「英語」卻沒有因此消亡，它做爲普通民眾所用的語言有著廣泛的基礎。即使是做爲統治階層的諾曼人也大多能懂，甚至會說英語。教士往往能用英語布教。十三世紀中葉，英語開始成爲輔助性官方語文。到了十三世紀末，英語在官方場合的使用已十分普遍，並在某種程度上成爲英格蘭民族的象徵。故一二九五年，英王愛德華一世在第一次英國議會上使用語言做爲議題來煽動臣民反對法蘭西的熱情，指責法王「試圖要將英語從地球上清除掉」。此後，英語實際上成了英國的官方語文。

一三六二年，英國頒布一項法令，明確規定英國所有法庭的辯護和判決都須用英語，這標誌著英格蘭統一民族性的成熟。大約一三〇〇年前後，英國文學作品中開始出現了「英格蘭民族」的詞語。稍後，在一三三六年，英國官方文書中也首次使用了「英格蘭民族」一詞。大體說來，到十三、十四世紀之交，英格蘭爲一個統一民族儼然形成。

英語今天成爲最主要的世界語，也許並不是因爲這個語言本身的特色，而是和最先使用這個語言的人有關。更精確的說，是當初使用英語的那些人，在性格上發展出一些特別的成分，使他們能把這種性格和相關的種種，帶到不同的角落，然後在別的土壤裡發芽、生根、成長、開花、結果。

英國人對世界也造成了許多影響，英語是國際的共同語言，而大英帝國曾統治了世界四分之一的人口，海外殖民地受到英國文化極深的影響，即使有許多殖民地國家在二次大戰後紛紛獨立，但英式的生活方式、教育制度等仍延用至今。

當英國人自己想自己時，都會禁不住興奮起來，因爲英國人篤信一件事，即身爲英國人，便代表是躋身於一個「最專屬的俱樂部」。

法國人、德國人、義大利人或其他任何人種都只有眼巴巴羨慕的分，因爲他們不會說英語，而美國人就更別提了，因爲他們把英語說壞了。

英國人是以注重傳統與儀式出名的；他們熱愛他們的殖民地，卻鄙視殖民地上的人民。當外國人考量國際大事時，經常會懷疑、迷惑，英國人從沒有這個問題，因爲他們打從骨子裡相信：凡是對大不列顛有利的，就是世界所需要的。他們有一支強大精銳的海軍，而且他們打從心眼裡崇拜它。所有的英國學童都知道，約翰·保羅斯瓊只不過是個打劫海輪錢財的英國海盜罷了，他原係蘇格蘭的一名小混混，從事販賣奴隸的勾當，後來在美國獨立戰爭中居然成爲美國海軍的艦隊司令官。

英國戲劇之盛，英國人對戲劇的狂熱，在世界上首屈一指。倫敦不只是英國的首都，也是世界戲劇的首都，六十多家戲院（不包括電影院），家家生意鼎盛，吸引了各地的戲迷。

倫敦的戲院受到全英國成千上萬人的讚許、喜愛和支持，戲運亨通也許不足爲奇，但英國之所以能成爲戲劇王國，其根本還是在戲劇的普遍化。據說每十萬人口便有一個職業劇團，全英國六千多萬人口，劇團或許沒有六百多個，而營業性的劇場卻大大地超過此數。

在英國文學裡，戲劇是主要的一環。英國人向來相信學什麼就像什麼，平常穿西裝，打領帶，言行舉止就像個君子。一天到晚做君子是件苦事，一年四季做君子，更是非人所能。所以他們一有機會就要把自己變成另外一種人。看戲是一種消極的變法，是精神上的逃遁，演戲則是一種積極的變法，不但改變了容貌和裝束，就連思想言論也都可以一古腦兒鑽進另一個軀殼裡。可惜並不是每一個人都有演戲的能耐，就算是有，也不見得每一個人都有登臺的機會，因而英國人便想出了好多節目，可以讓大家都穿上古裝，拖拖拉拉，嘻嘻哈哈，招搖過市，過一下戲癮。

有好些英國人，終日戚戚，但有機會可以穿上古裝，或參觀女王、公主乘坐金色馬車出遊，那些惱人的俗事就一古腦兒拋到九霄雲外去了。

英國的戲劇在全民的推動下，果然不同凡響，從莎士比亞（William Shakespeare，一五六四至一六一六年，名劇作家、詩人）以來的四百多年間所產生的劇作家，多如過江之鯽，尤其是近兩百年來，劇本的創作在文壇上更是一枝獨秀，大放異彩。別國的劇本多由專業的劇作家執筆，但英國的文學家們，不管其專長是什麼，都好像要寫寫劇本才過癮。對此，蕭伯納（Geroge Bernard Shaw，一八五六至一九五〇年）是理所當然、當仁不讓，他是批評家、小說家、社會改革家，更是劇作家。至於其他大文豪如勞倫斯、高斯俄昔、哈代；小說家如毛姆、格林；偵探故事作家如克麗斯蒂、賽燕；詩人如濟慈、奧登、湯瑪士等，或多或少都寫過劇本。

英國戲劇裡最好的固然是喜劇，但最受歡迎的卻是偵探劇。說起偵探劇來，不免就教人想起美國電視上的警探飛車，緊張刺激。英國的偵探劇和他們的偵探小說一樣，講究布局和推理，而並不全以動作取勝。

大英博物館建於一七五三年，是英國的文物重鎮，是英國理性時代的重要成就之一，也是英國霸權時代的象徵。館中陳列的不只是英國的文化遺產，還有大批從全世界各地劫掠回來的珍寶。它是世界第一座國立的公共博物館，以史隆爵士的七萬件收藏品爲基礎。它所標榜的使命是：「滿足所有好學不倦者與好奇人士的求知欲」。

一七五七年，它的第一具埃及木乃伊入館，並於一七五九年公開陳列。如今，這座新古典主義風格的建築物內，擁有七百多萬件館藏，員工一千多人；每年造訪者高達五百多萬人次。不過，隨著時移世易，帝國劫掠遺留下來的問題，令大英博物館困擾不已。例如，希臘就一直要求英國歸還二千五百年歷史的帕德嫩神殿大理石雕刻。另外，被他們霸占著自中國劫掠的寶物，更是不在少數。踏入二十一世紀後，外國要求歸還國寶的壓力大增。

由於曾經深入世界各地研究古物，英國人對世界考古學的貢獻也最爲顯著。英國人對古文明文物的發掘和收藏不遺餘力，在早期便派遣了許多考古專家出任外交使節，前往許多古文明遺跡的所在地，從事挖掘、調查、蒐集和研究，而這些考古外交官也大有所獲，這些古物如今都收藏在大英博物館內。英國人累積了數代在考古上的研究，直至今日仍執考古研究的牛耳，各國考古學者都會到英國觀摩學習或參與研究的行列。

在英國的文化和思潮方面，英國的哲學家和思想家，像法國式專憑理想、和德國式傾向於神祕的很少，而以實現的或現實的爲根據者占多數，譬如十六世紀摩爾（Sir Thomas More，一四七八至一五三五年，英國政治家）所著的Utopia《烏托邦》（書中描述完美的社會或政治制度、理想的國家或地方），雖是一種理想，但是他的主旨，卻是受了當時英國社會的刺激，而想出來的一種方案。至於十七世紀的培根（Francis Bacon，一五六一至一六二六年，英國作家及哲學家）所用的「歸納法」，完全與近代科學的「實驗方法」相近。至於霍布斯（Thomas Hobbes，一五八八至一六七九年，英國哲學家）、洛克（John Lock，一六三二至一七〇四年，英國哲學家）等人持論，也都非常實際。十八世紀的休謨（David Hume，一七一一至一七七六年，蘇格蘭哲學家及歷史學家）也沒有什麼空論。除此之外，又如彌爾（John Stuart Mill，一八一六至一八七三年，英國哲學家及經濟學家），也是從現實社會立論。

而且英國的哲學，通常也都是實行家或有經驗的人。卡萊爾（Thomas Carlyle，一七九五至一八八一年，蘇格蘭哲學家、歷史學家、作家）說：「英國人愚於討論而智於行動。」英國最著名的哲學家如培根、霍布斯、洛克、休謨、彌爾、斯賓塞，這一堆人中，除斯賓塞（Edmud Spanser，一五五二至一五九九年）外，都是和當時政治有關係的，沒有一個是致力於純粹的哲學，也沒有一個注全力在哲學活動上，他們在別的事業上也頗有成就，研究哲學只是他們的一種興趣。

他們雖然也用理性，卻不信託理性，他們對美感、狂喜、熱誠產生懷疑，認爲神祕主義是一種欺詐，他們對自己的經驗，比對「智者的永無錯誤」或「有權力者的特權」更加信託。所以，他們不承認「權威」，如他們不願承認「純粹理性」的結論一樣。

七、教育

世界著名學府中，英國的牛津與劍橋是十二世紀以來最能保有傳統的中古大學，也是歷史悠久、聲光煥發、性格最特殊的大學。她們是決定英國教育動向的雙子星。

牛津人把牛津、劍橋縮寫簡稱爲 OXBRIDGE（牛劍），劍橋人則稱爲 Cambford，而把其他的學校統稱爲 REDBRICK（紅磚大學，是指英國二十世紀初葉出現的大學）。

牛津與劍橋的教育原本是爲貴族辦的，其目的在培養王室與教會的幹部。今天的學生已不再限於貴族了，但學生的生活傳統還是有貴族的色彩。

牛津與劍橋成功的祕訣在於多樣性的學院結構；而最值得自傲的是，這兩所大學都曾培育出許多世界級人物。

牛津方面有科學家羅吉・培根；政治家湯瑪士・摩爾、格蘭斯東、柴契爾

（英國首相）；經濟學家亞當・史密斯；戲劇家王爾德；著有《神聖羅馬帝國》的布萊斯、《羅馬帝國興亡史》的吉朋、《歷史研究》的湯恩比；詩人雪萊。

劍橋方面有創建微積分和建立「地心吸引力」之說的牛頓；創立「物競天擇，適者生存」之說的達爾文；政治家康德父子；外交家威妥瑪（曾任英國駐華公使）、外交家葉公超（曾任國府駐英大使、外交部長）；經濟學家馬爾賽斯・凱因斯；著有《失樂園》的彌爾頓；詩人拜倫、徐志摩；試管嬰兒創始人羅拔・愛德華；劍橋偉大之子佛蘭西斯・培根、羅素、懷海德等。

一八五九年，達爾文發表了「物種原始」，引起了學術界的大震動。一八七一年，在馬克士威爾（Maxwell）主持下，開溫第士（Cavendish）實驗室成立了。在實驗物理方向，如原子分裂、X射線下的結晶分析、細胞裡遺傳號碼等的成就，帶給劍橋如日中天的聲譽。

這許許多多傑出的牛津、劍橋校友，像一顆顆閃亮的明星照耀世界。試想，假如沒有這些科學家、詩人、哲人等，英國會不會強盛？世界會不會又是另一番面目？這些巨匠在世界學術文化各個層面發光發熱，構成了「牛劍」傳統的核心。

劍橋在十三世紀被英王亨利三世及教宗承認爲高等學府，一直提供多種課程，自伊朗的「死語言」至核子物理，應有盡有。一萬一千三百名學生，來自八十多個國家。

劍橋以前只收男生，女生自一八五八年起可參加大學入學考試，一八八一年可參加榮譽學位考試。至一九四八年才頒授學位給女生。第一所女子學院建立在一八七三年。一九二一年起，女生可擔任教授和講師的職位。劍橋現在接受女生和優秀清貧子弟。

劍橋也曾是英國王子和首相的母校，儲君查爾斯王子、前首相威爾遜爵士、柴契爾夫人都是劍橋的畢業生。在此同時，劍橋也產生了一些間諜和叛國之徒。一九三〇年代，導師安東尼・布倫特，學生金・菲比、鮑吉斯及麥奇連等組成的間諜網被揭發。前軍事情報人員李奧・朗以自己身分做掩護通敵，也被查獲治罪。

劍橋圖書館的藏書和手稿有五百多萬冊以上，自十五世紀初葉以來的書籍都收藏完好。其中以神學、法律、醫學、古典文學、地形學的藏書最受重視。

牛津和劍橋的訓練在根本上是完全一樣的，都有導師制；有舉世無雙的學院制；有訓練政治家的辯論社；有一起談天說地、飲酒、吃飯、喝咖啡的生活傳統；有五花八門的演講。

劍橋學院的談天，意不在專精（專精的功夫在圖書館或實驗室裡進行），而在旁通。重要的是使你對本行之外的事物有所見聞。在劍橋談天制度的薰陶下，除了多讀書，多想問題，自己找答案解釋滿腹的疑問以外，還要有創見，並學習如何適度地表達自己的意見。

在劍橋，聊天還眞是一門學問、一門藝術呢！就每個學生而言，白天接觸的是一批人，同系的人；到了晚上，所接觸的又是另一批人，同院的人。很多有成就的劍橋人，對於聊天制的學院生活都有甜蜜的回憶。

談天說地沒有任何規則可循。各人講自己本行的事情，而由更多的人來提問題，甚至到了午夜，口乾舌燥，仍在辯論。最後，也很少有結論，有的只是滿腦子的疑團。曾獲劍橋哲學博士學位的陳之藩，在其所著《劍河倒影》一書中對「談天說地」制度有這樣的評述：「劍橋之所以爲劍橋，就在各人想各人的，各人幹各人的，從無一人問你的事。找你愛找的朋友，聊你愛聊的天。看看水，看看雲，任何事不做也無所謂。」這份閒情雅興足以叫人依附劍橋終身，對英國人的民族性影響深遠。

幾乎大部分優秀而想有所作爲的英國學子都上牛津或劍橋，他們在畢業前都已著作等身；許多人都不知道他們是如何達成的，直到後來才領悟到，原來他們的英語發音已發展到如此優雅的境界，連他們自己都已不了解彼此所說的話，而文字是他們相互溝通的唯一工具。

英國幾乎是貴族制度碩果僅存的地方，如何保護貴族制度免於商業侵襲，也已成了最高深的藝術。

在美國，任何一個暴發戶，最多也只能謀個野雞大學的榮譽博士頭銜；然而在英國，不一會兒功夫，他就是某某勳爵、侯爵了。

影響英國人性格最大的另一所學校是伊頓學院。

伊頓學院是培養英國未來紳士的地方，是在英國歷史上有名的學校，多少英國史上的英雄俊傑之士都是出於它的門牆。以現在的實情來說，它也不過是所包括初高中的中等學校而已。英國人名之爲Public school。它雖是有「公共」之名，但學費之高，除貴族、資本家之外，絕非一般人民能使其子弟側身其中的，但人家的貴族學校，絕不以豪華、奢侈、隨便著稱，而是以嚴格、樸實、功課嚴謹著名。因此使才華出眾而不大用功的邱吉爾先生，也被拒於它的門外。其嚴格之處，假如學生吸菸被發現，會馬上予以除名。這裡眞是鐵面無私，不論是誰家的少爺也不予以特殊的待遇。這樣一方面培養了少爺們的守法、自尊，和法律面前人人平等的素養外，也證明了這些的紳士家長的確要把他們的子女予以嚴格的訓練。

英國的紳士精神，是和理智與冷靜或冷酷不可分的。英國人重理智講實際，不重感情，不易衝動，是世所熟知的事。第一、他們的學生以禮服爲制服，這樣一來，自然使他們形成了與眾人不同的一個團體，無形中培養這一幫青年將來要做統治階級的心理。第二、所有學生必須住校，由導師予以嚴格而合理的監督，無異於使孩子們從小就離開了父母的慈愛或溺愛，以及家庭的溫暖，自然的使他們遠離感情，而偏向理智和冷靜或冷酷的一方面發展下去。所以等這一批人將來進入社會，或繼承他們父兄的事業之時，自然會冷冷靜靜，不衝動的，按步就班的處理一切。尤其是在政治上，更容易使他們冷酷而毫無感情，運用理智，實事求是的做下去。所以在英國歷史上的政治領導人物，有時雖不免缺乏高瞻遠矚之士，但從沒出現一個因一時的感情衝動，而導致其國家遭受災殃的人。這個或者也和英國人的紳士傳統有點關係吧。

英國私立中學的紳士教育最著重控制個人的感情，認爲流露了感情，便是暴露了弱點。

在這種形勢下，不但是大人，就是英國的孩子們也變得老成持重了。英國孩子打從幼稚園開始便受紳士教育，應對有序，進退有節，外國移民的孩子初來英國的時候，一個個都是活潑、頑皮的，但一進英國學校沒幾個月，就老氣橫秋，規矩十足了。

貳、英國人的獨特性格

一、保守戀舊

現今世界各國，在政治上、社會上、文化上，自古至今，一成不變的，只有英國。英國人在現代的白種人中號稱最保守的民族；而且，英國人的保守，與其他國家人民的保守不同。全世界各大民族中，歷數千年，仍墨守成規，以保守立國的，只有英國。例如說，猶太人算是最古老民族之一，但是猶太古代文化和古代文明並不在巴勒斯坦（Palestine），而在歐美；希臘人也是最古老民族，但是希臘的文化，並不在現代的希臘，而在歐美各國；印度的佛教，早已不在印度，現在西洋人要研究佛教，只有到中國；而中國的古代文物，研究最深入的要算日本，有些中國古代文化，如服裝、茶道等，在中國已幾近失傳，卻仍在現今的日本流行。但英國不同，他們對古老的政治模式、典章制度、習慣經驗，恪守不渝。

英國哲學的重經驗，和英國法律的重習慣（慣例），都是英國的特色，而這也正是他們保守戀舊心態的由來。

世界上絕大多數國家都有一部完整的憲法，做爲組織國家的根本大法，明文規定國家主權、人民的權利與義務、行政、立法、司法及國家基本國策等，但英國並沒有這種憲法，一切都是由習慣發展而來，因此一般稱英國憲法爲「不成文憲法」，它是根據國家一些重要歷史性文件、社會習慣、法院判例和國會通過的一般法律來代替憲法。這些重要文件如一二一五年的自由大憲章、一六七九年的人身保護令、一六八九年的權利法案、一七〇〇年的皇位確定法、一七〇一年的殖民法和一九一一年的國會法等。

其他國家的法律也重習慣（慣例），但至多只有私法的一部分會容納習慣；至於英國不同，私法中像民、商法，則是完全尊重習慣。英國學者對國際法，也是特別注重習慣慣例，就是殖民政策也是如此。在德國、法國、日本，他們的殖民政策，無論用在什麼地方，只有一個公式，就是所謂「同化」；但是英國的殖民法，那就千差萬別，五花八門，有所謂「自治領」、「直轄殖民地」、「保護地」、「代管地」等，全視當地實際情況、國際形勢與英國的習慣而定。

英國人的保守也與其他國家不同。其他國家的保守派只有舊的崇拜，英國人的保守，是在舊裡選擇，而不是像鴕鳥般把頭埋在沙裡，閉關自守，反而是高瞻遠矚，他們的行動雖未必事事開風氣之先，可是也絕不在風氣之後，富有充分的前瞻性。

比如說「共和」國體，數百年以來，已形成一股絕不可擋的巨大時代潮流，社會主義也在全世界蔓延，但現在英國政治上，仍然我行我素，擁戴一個早已並非「神聖」的君主。英國歷代王朝，因爭奪王位而引發的暴亂和內戰，如一四五五年的「薔薇戰爭」、一四八三年英王愛德華五世被殺、一〇七八年威廉大帝興建的倫敦塔被謔稱「反叛者之門」，王室貴族數千人被囚禁在此，其中包括五位王后等無數被鬥爭下臺者在此被處決，血跡斑斑，直至英王淪爲「傀儡君主」後，王室仍亂搞男女關係。因此有人置疑爲什麼還要供奉這樣一個無聊的「君主」？英國人的答覆是：「英國人民只不過分擔點王室經費，這和美國選總統的費用差不多，可是政治上的紛擾就少多了。」但若細細觀察，就知現在英國的政治中心，不在國王，也不在貴族，而在代表人民的平民院；故英國的平民院（House of Common）在政治上的勢力，超過其他任何國家的國會。

開羅、羅馬和倫敦都是古城，但倫敦與前兩者，無論在外觀上和實質上都截然不同。在開羅，在羅馬，古蹟多數是石像和廢墟，與現實社會相隔離。可是倫敦的情形卻不同。倫敦是把所有的古蹟，連同舊的傳統和現實生活，鎔鑄成一爐，使整個倫敦市，乃至整個英國，古色古香，古趣盎然。馬德里、巴黎、柏林等古都，都在標新立異；而倫敦卻是古調獨彈。倫敦多的是「百年老店」，有許多著名商店，兩、三百年以來，別說不曾換過招牌，就連店面裝潢及內部陳設也不曾有絲毫改變，兩、三百年前如此，現在依然如此。在巴黎、柏林和馬德里的街道上，全是五顏六色的汽車；倫敦則大異其趣，街上汽車大都是黑色，式樣古老。

倫敦的計程車全是清一色的「火柴盒」型老車，而且只能採用老式的英國引擎。車身很小，前面只有一個司機的座位。司機座位旁邊圍著欄杆，專供放行李之用，司機與乘客中間有厚厚的玻璃隔開，要與司機說話，必須先用手敲打中間那塊玻璃，待司機扭下玻璃後，才能聽到彼此的談話。車身後面沒有放行李的艙，車輪的構造也很特別，可以就原地轉彎，不需寬敞的空間掉頭。據說這種計程車的設計，從英國歷史上有計程車以來，就是這副德性，模樣無絲毫改變，主要是英國政府當局不准改變式樣。現在倫敦市政局鼓勵業者做些改變以活潑市容，但絕少業者願意改動，理由倒也很充足：「改了顏色和車型，這還算得上是計程車嗎？」

英國火車的車廂結構設計也是妙不可言，車廂內分成一格一格，每格中兩排座位相對，各格之間，沒有通路，從此不相往來。車廂座位所用絲絨全是些古老花式，幾百年來從不曾更換過圖案。

在許多國家的現代化都市，都設有自動開關的交通指揮燈，警察在街上幾乎已經看不見。但在倫敦，仍照古老傳統，警察戴著黑色的鋼帽，帽前的舌尖極低，幾乎把眼睛也遮住了。在路上指揮交通，街頭巷尾，隨處可見。

世界各國，每年都要發行各種花式的新郵票，宣揚國粹，賺錢充裕國庫，英國卻只是將其君主的像印在郵票上。除非國王更換，否則樣版始終如一。一九七○年代，有位英國探險家在南極探險，成為人類歷史上徒步越過南極的第一人，返英時受到英雄式的盛大歡迎，被視為人類歷史上一件大事，英國有關部門建議英國政府發行一套紀念郵票，卻在經過長期考慮後，財政大臣答覆說：「無此必要！」

倫敦市區有兩家郵局，一天二十四小時，一星期七天，一年到頭，終年不休，無論你在任何一天，任何一個時辰，到這兩家郵局去寄信，門都開著。這兩個永遠日夜工作的郵局，也是英國歷史的傳統。

在倫敦，有一家叫 Palladium 的戲院，其貌不揚，建築既小且舊，只有幾百個座位，專演歌舞雜耍，但在此演出者，都是影劇界名流，如馬龍白蘭度、勞倫斯奧立佛、費雯麗等鼎鼎大名的好萊塢影帝影后，戲院還掛出他們的畫像。這許多風雲人物願意到這樣蹩腳的小戲院表演，只因這是一家大英帝國遺留下來的最古老的戲院。

倫敦一條叫伯靈頓拱廊商場（Burlington Arcade）的狹窄街道，像東京的「仲見世」一樣，街頂上面搭著厚玻璃棚。這條街建築於一八一八年，街道兩旁都是賣珍貴首飾的商店，街角上常站著幾個神祕人物，他們戴著呢帽，繫著領結，穿的是便裝，只是袖口上有一道黃邊。這也是這條街上特有的傳統。如果在這條街上的顧客有一些不合「紳士規格」的行動，諸如吹口哨、奔跑、大聲叫囂等，他們有權干涉，輕則盤問，重則拘捕、監禁、罰鍰，也只因爲這是那兒數世紀以來留下的不成文法。

英國的報紙雜誌，號稱「民主的先聲」，儘管報導訊息一流，但它們的排版、風格，甚至連雜誌的封面，數百年來一成不變。

在英國，無論在都市或鄉村，隨處可以看到「古蹟」、「遺物」（Antiqu, Relice）一類的標示。名人的住宅、作家的陳跡，只要沾上一點「古」味的，都當作古蹟來保護。

英國人是最喜歡掛他們國旗的民族。在別的國家都市裡，除非遇到節日或典禮，是很少見到懸掛國旗的。但在英國，幾乎每一幢大廈都可經常看到米字旗迎風招展，好像在眷戀著大英帝國昔日的聲威。

凡可以找到先例的事，英國人做起來才心安理得，到了大家沿用成了慣例，變成了不成文法，那可是從國王直至升斗小民都得自動遵守。

有人說老鼠在哺乳動物中是最因循舊習的，因為牠們走迷陣時總是一步一頓，等路子摸熟了，以後就一成不變地照走，比如說牠在第一次走路時，在某個轉角給石子絆過一個斛斗，以後再走到那兒，即使絆腳石消失了，也循例翻個斛斗才肯過去。英國人因為同樣的緣故而翻的斛斗只怕比老鼠還多。

二、紳士風度

紳士風度是英吉利民族最爲典型的特徵，是英國人內在素養和氣質的外在體現，也是英吉利民族文化傳統的集中反映。任何民族的文化傳統都是在長期的歷史演變中形成的。因此，對英國人來說，紳士風度並非生而有之，而是在長期的社會發展進程中逐漸形成的，並在當今英國社會生活的各方面有著現實的體現。從歷史淵源上看，英國人的紳士風度至少有兩個方面的來源：一是從中世紀流傳下來的騎士之道，二是近代以來領導英國社會的民族精神。

騎士之道首先表現出一種勇敢尚武、建功立業的精神。一旦有戰事爆發，騎士們往往回應國王和貴族徵召，從軍作戰。對於騎士來說，戰鬥是其「天職」，也是表現自己以獲取冊封貴族的最好機會。爲此，在中世紀的戰場上，騎士們不畏犧牲、英勇戰鬥乃至血染沙場的事績極爲多見。騎士之道還表現在騎士們之間一種光明磊落的公平決鬥上。在騎士之間如果有什麼過節，雙方往往通過決鬥方式面對面解決。決鬥中絕對講究公平，雙方要同時拔劍，而且要光明正大地取勝，絕不可背後偷襲或是以暗器傷人，否則會為世人所不齒。

對女性的保護和對情人的崇拜成為騎士之道又一重要表現。基督教曾教諭說，夏娃的罪惡大部分是由軟弱造成的，因此，男性必須保護女性，以使她們免遭軟弱帶來的麻煩。當處在困境中的女性請求救助時，男性特別是騎士有義務去援救她們。在中世紀廣為流傳的騎士文學中，就有不少處於困境中的女性，她們通常都是年輕貌美的少女。而在她們處於危險關頭時，總會有騎士挺身而出，化解危難，這與東方社會中的「英雄救美」如出一轍。騎士傳奇中還包含著對情人的崇拜。對於騎士來說，情人就是他心目中的「馬利亞」。當騎士因援救別人而得到寶石之類的禮物時，騎士便會把它送給自己的情人。如果在戰場上獲得戰利品，騎士也會奉送給她。情人是騎士心目中的偶像，為了她，騎士可以獻出一切，哪怕是自己的生命。

除了騎士之道以外，曾經主導英國社會的貴族精神也構成了紳士風度的重要組成部分。近代以前的英國社會是一個以貴族主導一切的社會，貴族階層既有權勢，又有地位，對自己的血統和身分十分重視，一般不與其他階層通婚。由於貴族是英國社會的統治階級，因而他們的言行自然成爲普通民眾的表率。在這種情形下，貴族不僅意味著一種地位和榮銜，也意味著社會的楷模和風度的集大成者。久而久之，一種貴族階層所特有的行爲方式和價值標準便形成了，這就是我們所說的貴族精神。

在英國有不少男人，頭戴硬殼圓頂的黑氈帽，身穿瘦長而掐腰大衣，即使是大晴天，手裡也硬是拿著一把雨傘，板起面孔，兩眼直視，脖子僵硬，挺著腰走路，望之儼然，不苟言笑，尤其當我們看到有些乳臭未乾的十來歲小毛頭也是這副德性，難免要起一身雞皮疙瘩，但是他們卻泰然自若。這批人就是英國社會的主流。

英國的人「紳士風度」（gentlemanlike），或稱「紳士派頭」、「君子風度」，是世界知名的。它是英國人特有的民族性。這種紳士風度，儘管難以描述它是自然的還是做作的，也難以遽下斷語，但只要你踏上英國的國土，就會容易體味出來。

「紳士」的英文 gentleman 這個字眼，原是個對男人禮稱的通用字，由 gentle 引伸而來。gentle 的含義是溫和的、溫柔的、文雅的、高尚的、有風度的、彬彬有禮的、舉止優雅的、出身平民的、和善的、溫馴的，用到男人（man）身上，就成了紳士、君子、上流人、有教養的人、可敬的人、有錢有地位無需工作以謀生的人，如 a fine gentleman（雅士）、a true gentleman（溫厚君子、眞君子）、country gentleman（鄉紳），王室的特從叫 gentleman in waiting，在重大儀式中陪伴英王的四十名侍衛叫 gentleman at arms，君子協定叫 gentleman agreement。與 gentleman 對稱的是 lady。lady 的含義是風度雍容的貴婦、淑女、有教養、有氣質的婦女、特殊地位的妻子，女王的侍女叫 lady in waiting。

英國人在歷史上曾經有過一段輝煌的日子，而且這段日子距離現在並不遙遠。「日不落帝國」的豪語猶在他們的耳際徘徊，但是這個老大的帝國，早大勢已去，撫今追昔，難免有不勝依依之感。所以紳士派頭的風行，也可以自我陶醉一番。這可能是英國人熱衷於裝扮紳士的一種解釋。

其次，形成英國人紳士風度主流的，是英國的王室制度。英國王室的持續存在，在英國的實際政治上所發生的作用，是正面的，或是反面的，都很難說。以現今英國人對政治的運作情形來看，即使廢除王室，英國人處理政治也不會比現在遜色。可是，只要有王室存在，英國的政治、軍事、文化等的許多機構，就可以堂而「皇」之，加上 royal（皇家的、王室的）這個字眼，如 the Royal Family（皇族、皇室）、Royal Command（聖旨、敕令）、Royal Power（王權）、Royal Air Force（皇家空軍）、Royal Navy（皇家海軍）、Royal Flying Corps（皇家陸軍航空隊）、Royal Institution（英國科學研究所，一七九九年創設，以促進民眾科學知識爲宗旨）、Royal Academy（皇家藝術院）、Royalist（保皇黨）、Royal Military Academy（皇家陸軍軍官學校）、Royal Navy Collage（皇家海軍官校）等，藉以顯耀其光榮傳統。

基於 Royal 的意識和這個字眼的本身，用途廣泛，由這個字眼引申，英國許多學術團體、公共場所、旅館等，最喜歡用 Royal、King、Queen、Crown、Prince、Palace 一類的字眼，藉以炫耀與皇家有關，在英國人的意識裡，凡是與帝王有關的事物，都是高尚的。

在倫敦有家叫 Evan Evan's 的遊覽公司（旅行社），老闆的名字就叫 Evan，他曾經在英國王室當過侍者，使用他穿著一身紅邊繡花的皇家侍者制服的照片，冠冕堂「皇」地作爲公司的招牌，所有人因而另眼相看，因此，生意興隆。

英國因爲自己有個國王，常有其他帝制國家的王公貴族到倫敦來訪問的繹絡不絕。倫敦有家叫 Claridge's 旅館，主要的顧客就是外國的國王、王后、王子、王妃、王公貴族等。這家旅館從外表看，一無可取，只有三層樓房，根本談不上宏偉，外牆呈黃色，可是裡面陳設富麗堂「皇」，全部王室裝飾。旅館外面，每天二十四小時都站著身材魁梧的警衛。他們一如御林軍，頭戴長毛黑熊皮做的高冠，身穿上紅下黑的戎裝，面孔嚴肅，和木頭人沒有兩樣。旅館前院的一支旗杆，平常空著，遇有外國君主或總統來訪，以此爲行宮，便升上這個君主或總統所屬國家的國旗。這家旅館的房間費，一天一千至數千美元不等。

英國遊覽車上的導遊，雖然沒有紳士派頭的裝束，但也一路上裝出紳士派頭，儼然神聖不可侵犯的樣子。到了行程終點，照例要向遊客索取小費，但又不便開口，就在遊覽車的門口，拿出兩個鋼幣來，叮叮噹噹敲出聲音來，給遊客們一些暗示，自動賞幾個便士。遊客給小費的時候也爲了顧全他「紳士」的面子，只暗暗地把錢塞在他手裡，若無其事。有些不了解這種「僞君子」導遊作風的遊客，或明知要給小費卻裝做不懂的遊客，不給小費，他也無可奈何。既不能公開索要，便只好背後白他兩眼，也就算了。

在倫敦觀光，夜間遊覽車（night tour）只是參觀市區，不包括觀「光」夜總會、欣賞脫衣舞等娛樂節目，尤其風化場所更是避免。這大概也是英國佬愛面子裝紳士的表徵。實際上，據說，在倫敦和利物浦的一些街道上，夜鶯處處，她們假裝「淑女」、「貴婦」（lady gentlewoman）派頭，拿著象徵「貴婦」和「淑女」的雨傘，有特定的走路姿勢，精於此道者，一望便知。

如果你夜裡獨自逛街，也會遇到有年輕人或中年人裝成紳士派頭，與你接近閒聊，使你受寵若驚，最後進入「正題」，如你願意，就領你去特定的「淑女公寓」過夜。

也有人說，倫敦的脫衣舞表演場以蘇河最好，在那些場合，你才能眞正地了解英國「紳士」追求歡樂的方式有多麼精彩，你無須看那幾十個美豔絕倫的舞孃全脫，只需看看那些擠在一起一大群英國紳士發呆得目不轉睛色瞇瞇的樣子，就已值回票價。那裡有一家用「邱吉爾」（Churchills, 160 New Bond st.）的名字做招牌的脫衣舞表演場，更是英國紳士們最喜歡去的娛樂場所。倫敦這些風化場所比起「花」都巴黎來，毫不遜色，而前往觀「光」的英國紳士如此之多，令人嘆爲觀止，也就不難看出英國人之中多少是「假紳士」、「僞道學」了。一九○○年代後半期，英國陸軍大臣蕭洛姆弗就是因風流過分，搞婚外情，與一模特兒廝混，結果丟掉烏紗帽，差點連保守黨的麥克米倫內閣也因此垮臺。

爲了要維護「紳士」的形象，不得不訂出一套規矩來，使每一個人都放在這個「規矩」的模子裡。因此在英國，規矩特別多，有些是成文的，有些不是成文的。你不遵守這些規矩，便處處受到白眼或感到困擾。

英國人以「自由民主」著稱於世，但另一方面卻又訂出許多規矩來，使自由民主能夠有所規範，納入正軌。這兩者之間的調節應用，是造成英國社會安定、政治進步的最大因素。比如海德公園設有「演說角」，任何人都可以在那兒發表演說或談話，任意批評英國政府。這是「自由」，但所有批評者都只能在海德公園的演說角發表你的高論，卻是「規矩」。

英國人說話注重辭藻，講究修飾，力求典雅，這也是他們紳士風度的一種象徵。無論在任何場合，他們都喜歡用完整的句子，不像美國人說話，簡短便捷，力求使用大眾化的俗語、俚語和縮寫。比如說美國人把 yes 當口頭禪，脫口而出；但英國不然，他們偏要在說完 yes 之後再加上一句 It is correct 或 It is。

招牌也是如此，比如：倫敦有家商店，是傑克創辦的，招牌就用 The Shop was Created by Jack，若在美國，頂多用 Jack 一個字做招牌就行；又如一個修補皮鞋的攤子，最多標上 Shoe—repairing 就好了，英國人偏要寫塊招牌 We repair shoes（我們修理皮鞋）。

在世界各國都市若要標某處不准停車，都是用 P（Park）上面劃上一條紅線來標示，簡單易明，駕駛人一看便知；在英國不然，他們偏要一塊大牌子上寫上 This is not an approved car park（這裡不是一處經核准停車的地點）。駕駛人一面開車，還得一面把頭轉過去讀這麼長的文字，既費時又危險。

此外，在每年出版的〈英國名人錄〉中，不難發現名人簡歷最後一項，大都登錄所屬俱樂部的名稱。在短短幾百字介紹生平的文字中特別標出所隸屬的俱樂部，其箇中自有道理。

當英國人說「某某爲俱樂部級人物」時，就隱含有對某具「半」上流社會地位的認可。因爲要晉升到英國上流圈，除須在倫敦西區有豪華寓所，起用一兩名管家，開名牌轎車，懂得玩槌球遊戲外，最不能少的是加入一個能彰顯自己社會地位的俱樂部，因爲它可作爲所有公關的據點，是躋身名流之林的入門磚。

的確，英國人是以某人參加何種「俱樂部」來判斷人的品味，而且他們認爲，一名眞正君子，只要經濟能力許可，就要儘量參加俱樂部，最理想也是起碼的安排，應是參加三個——一個能與友好共商時事；一個能在午間打盹；一個毫無特色，但方便帶朋友前去用餐。

話雖如此，但俱樂部的「加入」，並不是有錢或個人一廂情願就可以，事實上，大多數俱樂部的年費都偏低，且很少調整，但加入的難易各異，難者須有數會員推薦，再由老會員審查口試，探究入會動機、性向是否適合，再投票決定。如果老會員對候選人有意見，認爲此人乏味，便會阻於門外。

世界上有許多體育項目是英國人發明的，這也顯示出英國人熱愛運動的傳統，中世紀發展出足球，十五世紀發展出高爾夫球，到了十九世紀又發展出羽毛球、網球和橄欖球。可是現代的英國人卻愛看而不太愛做；他們比較感興趣輕鬆的活動項目，如步行、擲飛鏢、撞球等，有一項英國極爲傳統的「板球」，就很適合英國人慢條斯理的性格，這種優雅的球賽很受到英國人的歡迎，比賽的人穿上清一色潔白整齊的衣服，即使在球場賽球，仍是一副溫文儒雅的紳士風範。

在英國，上等人有上等人的行業，他的行業和他的社會地位與政治地位完全分不開。

在英國連「紳士」都是世襲制的，人們追究某某人的出身背景，比追究純種狗的血統還要熱心，在法國人看來簡直是虛僞，勢利得可怕。在任何超過三個英國人的場所，不管走路或入座，他們都會自動根據門第、行業、頭銜來評分，若都打成平手時，也會自動依「吃布丁的數量」（年歲長幼）爲序，「爲了決定是否該稱你做 sir，英國人可能會花上一年時間旁敲側擊地研究你的年紀。」

其實，要分辨英國人的身分，只要看看他們在火車上讀的是什麼報紙就行了，《泰晤士報》的讀者，中學念的是一年一萬多美元膳宿費的貴族學校，大學唸牛津或劍橋，職業是律師或房地產經紀人；《金融時報》的讀者屬於中產階級；《衛報》的讀者熱心各種藝文活動，經常上劇院，寧可少吃一餐，家裡也要維持一瓶鮮花；《每日郵報》與《每日快報》的讀者百分之八十是小職員或小生意人；《每日電訊報》的讀者泰半是退休人員或家庭主婦。

三、冷漠含蓄

英國人總給人冷漠、沉穩和不易親近的距離感，從另一個角度來看，這種民族性格和她孤立的海島地形、惡劣的氣候不無關係，隔著英吉利海峽和北海與法國及歐陸分離，使得英國人在情感上始終不願把自己看作是歐洲大陸的一部分，無形之中對歐陸的事物也較不關心，而人民在傳統且保守社會教育下，也逐漸造就出英國人保守、冷漠、重視個人獨立和私生活等的傳統性格。

英國人說話含蓄（understatement），喜歡轉彎抹角，即使是二加二等於四這種自明之理，也不以極肯定的語氣說出，有十分只說七分，不像美國人那樣直言快語，也不像義大利人善於誇張事物。

就拿聊天來說，別的地方的人可以天南地北的聊，唯有英國人的嘴巴是不能隨便張開的。別說稍微體己一點的私事不能提，就是一聲「你好」也要等通過名，報過姓，有過幾次交往之後，才可以說。不曉得誰是始作俑者，現在英國人好像對天氣以外的話題完全不感興趣，走在街上，坐在公車裡，聽來聽去就是：

「今天天氣還不壞？」「可不是嗎？」

說來好笑，天氣有什麼可談呢？尤其是英國的天氣，除了溼漉漉，陰颼颼，還變得出別的花樣嗎？熱也熱不到浹背沾衣，冷也冷不到吐氣成冰，一定要談，三言兩語就交代完了，用得著念茲在茲，從年頭說到年尾，扒到籬笆上和鄰居說了不算，上酒館舉杯時又說嗎？

可是，英國人就有這個能耐，拿這個餿透的話題顛三倒四地說了又說，就像英國人偏愛吃煮得稀爛的包心菜一樣，雖然倒盡了天下人的胃口，他們自己吃了幾百年倒還沒有吃厭。不但如此，日久成習，積習成癖，現在不單是水煮白菜成了他們的正宗國菜，天氣這話題也給他們說得承先啓後、轉合自如地成了一定的「話格」了。且舉兩段最典型的對話爲例，開場白十之八九是這樣的：

「天氣真好，不是嗎？」

「是啊，真是好極了！」

「陽光……。」

「真是耀眼得令人振奮啊！」

「是呀，說的也是！」

「又溫暖……。」

「天氣暖一點，在感覺上就舒服多了，你以為呢？」

「嗯……實在是太可愛了……！」

當天氣陰晦時，則是另一套：

「這天氣實在糟透了！」

「可不是，這雨下呀下的好幾天了，下得人煩死了。」

「是啊，已經立夏了，還暖和不起來，不是風，就是雨，好難受呀！」

「我記得三年前的那個夏天就是這樣，又潮溼又冷。」
「唔，我也還是記憶猶新。」
「不對，好像是五年以前吧？」
「正是。」

總之，好像只要談的是天氣，都有使人動容之處。而且不論對話的人是誰，輪到該有所表白的時候，往往都能言善道，一語中的，而且越扯越長，越說越婉轉有緻，不管刮風起霧，下雪下雹，只要有人道一聲：「這天氣實在妙極了」，你就得趕緊和一句：「可不是嗎？」

好些到英國去學英語的外國留學生，到頭來都抱怨找不到練習會話的機會。原因很簡單：英國人本來就話少，說別的，他支支吾吾，不置可否，談他們最熱中的話題吧，除了「是啊，可不是嗎？」別的話全用不上。

其實細細分析起來，英國人的活動，有哪一樣不是儀式化的呢？就算原來不是，後來經過長期修練，也變成儀式化了。聊天本是溝通感情交換意見的「賞心樂事」，跟散步一樣，只要興之所至，原可以想到那裡，說到那裡，但是在英國卻像上了緊箍咒，要遵守一定的格式，既不能交淺言深，也不能打破沙鍋問到底。

在言談中，英國人也表現其有禮的一面。如當有人請你做一件事，美國人會說：「Will you please, ……?」當然已夠客氣，換上英國人，他會說：「Would you please……」，聽起來更有禮貌；當英國人向你要什麼的時候，他一定說：「Do you mind……?」

當中國人發現有人做事不當或做錯事，他會說：「你不可以這樣做！」英國人不然，他會說：「你應該避免這樣做！」甚至說：「要是我，就不會這樣做！」若有人給你難堪，或公然對你無禮，中國人會當面指責，換上英國人，充其量嗤之以鼻，用「I am not amused!」一語帶過。

「I am not amused!」（我不認爲有趣！）這句話是維多利亞（Vicotria，

一八一九至一九〇一年）英國女王在位期間（一八三七至一九〇一年）的名言，已充分表現她說話的藝術，也足以表示出她的惱怒與不悅。

保守派的英國人，平時上班是西裝筆挺，修飾得一絲不苟，家裡也是窗明几淨，收拾得一塵不染，講起話來輕言細語，高興時不大笑，頂多只牽動一下嘴角，生氣了也不臉紅，你想刻意跟他過不去惹他生氣，也一樣難以辦到，隨你怎麼折騰取鬧，他只是耐定了性子不接岔。

英國人大都不喜歡高聲喧嘩，這大概和他們的生性有關，說給兩個人聽的話，何必要吵第三者呢？所以人多的地方，從來不見他們高談闊論。聲音小並不就表示他們不愛吵，碰到有賣弄口才，逗笑取樂的場合，沒有一個英國人肯自甘落後的。別看他們抬起槓來臉不紅，脖子不粗，一樣可以趕盡殺絕，竟像是得來全不費工夫呢！

英國人開玩笑最特別的一點就是不過火，絕少開到使對方下不了臺的地步，也許就因爲這樣的緣故，所以才人人愛說，終於使幽默成爲國粹。英國人的低調子，其實也是惡作劇的一種，明明可以失聲打怪的事，他們偏偏輕輕帶過，叫你作聲不得，只有乾瞪眼的分——這難道不是一種最高明的玩笑嗎？

要了解英國人的頑皮，光是察顏觀色是不夠的，因爲他們的激情很少擺在臉上。其實，在他們眼裡，隨便什麼事，似乎都可以拿來做揶揄的對象。某年倫敦鐵路大罷工的當兒，就發生一件妙事：有個乘客買了張狗票去乘車，收票員阻擋他，對他說，這種票是給狗的，不是給人用的，他竟理直氣壯的反問說：「怪了，你們幾時把乘客當人了？」

儘管如此，就一般英國人來說，碰到罷工事件都能泰然處之。他們相信忍耐可以度過難關，反應過度是沒有好處的。英國社會的好處是穩定以及是經濟停滯不前的壞處，都植根於這種態度。

前英國首相邱吉爾（Winston Churchill，一八七四至一九六五年，英國政治家）某次對一個美國聯邦參議員訪問團說：「我們之間的區別，在於你們面對問題時設法解決，而當我們面對問題時則設法忍受。」

英國人向來就有不管閒事的習慣，左鄰右舍之間雖然雞犬相聞，卻秉持井水不犯河水，你不惹我，我不惹你，「毗鄰若天涯」，彼此不相往來。

另外，英國人的人際互動是「外冷內熱」，與美國人的「外熱內寒」恰好成對比。英國人碰到不熟的人通常不會主動打招呼，更不愛交換名片，不是知己好友絕不邀請到家中，或許這也是外人認為英國人冷漠的地方。

四、倨傲自大

「日光所照之地，無不有英國國旗」。英國人這句流行語，就是這個民族自尊的表徵。在十八、十九世紀，世界各民族中，以「世界主人翁」自命的，除了德國人外，就要算英國人了，如拜倫（George Gorden Baron，一七八八至一八二四年，跛足天才詩人，他是具有爵位的英國貴族，參加過希臘獨立運動，客死他鄉。）的詩歌中就曾說過：「這個驕傲的店主，把他的貨物和法制，從北極運到南極，而以波濤付關稅。」像這樣的說話，只有德國的超人哲學，才能和它相比。自然，其他民族，並不是沒有自負，不過沒有像英國人這樣以世界主人翁自命就是了。

英國人很驕傲，這是外國人對盎格魯撒克遜民族的「刻板印象」。在英國的傳統文化深層中，驕傲是英國民族的民族特性，這種特性充分表現在王室及貴族身上。

英國擁有全世界最成熟的議會制度和最完善的社會福利，既是工業革命的發源地，更擁有十九世紀日不落國的輝煌歷史，對英國人來說，這是最值得驕傲的。

伊莉莎白女王時代，英國的國勢如日當中，在「日不落國」的旗幟下，英國女王就是世界霸主，英國王室所受到的尊敬是神聖不可侵犯的，英國人是世界一等公民，其所受到的特殊禮遇，很難不令他們自傲。

二次大戰後，英國國力明顯衰退，在國際舞臺影響力不如美、俄，英國女王也成虛位元首，但英國仍盡力維持過去王室的尊嚴與驕傲。

現今英國不管是三軍部隊、警察乃至造幣局、藝術院或學校，都喜歡冠上「皇家」（Royal）字眼，這種情懷，除了對英國光輝歷史的眷戀，也是倨傲民族性的持續表現。

英國人的驕傲也表現在種族的歧視上，白種人的優越感不時流露出來。雖然英國在若干年前就禁止種族歧視，但在現今的房屋出租廣告上仍經常可以看到

「黑人不必接洽」的字眼。

英國《衛報》二〇〇四年八月一日根據「種族平等委員會」所作的一項調查結果顯示，百分之九十四的英國白種人宣稱他們絕大部分或所有的朋友都同樣是白種人，百分之五十四肯定他們親近的朋友當中沒有一人是亞洲人或黑人。十名白種英國人中有逾八人沒有回教徒朋友。

這項調查是英國「種族平等委員會」向兩千零六十五名白種人所作訪調的結果。

本土的英國人和殖民地的英國人不同。英國本土的英國人跟世界上其他人類沒有很大分別，也都具有七情六欲，但在殖民地的英國人就大爲不同，個個都像掛了一副特殊面具，顯示出他是殖民地的主人，別人都是他的奴才！著有〈人與超人〉、〈回到美多西拉〉，一九二五年榮獲諾貝爾文學獎的英國劇作家、批評家蕭伯納說：「英國人做每一件事都按照原則；他會按愛國主義的原則和你打鬥，會按生意的原則剝削你，會按帝國主義的原則把你化爲奴隸。」

勇於對現代社會諸問題提出批判，著有《樸實的道德家》一書的英國神學家、劍橋大學教授殷格（W. R. Inge，一八六〇至一九五四年）說：「跟英國人打交道的時候，只有一件事情可以肯定，那就是：合乎邏輯的解決辦法是不會被接受的。」

爲什麼同一種英國人，在老家的時候一副面孔，到了殖民地又擺出另一副面孔？有人說這跟當地人的態度有些關係。在老家的時候沒人捧著，不得不平等待人；到了殖民地抬轎子的人太多，自然就養成了一種趾高氣揚的嘴臉了。

這種妄自尊大與倨傲，固然與英國人殖民政策成功有極大關係，但若從歷史上看，英國人這種特別性格向來如此。早在十四世紀，弗洛遜特（Froissont）就已經說：「英國人的傲慢天性，除了對他們自己人以外，他們不對任何國家的人謙遜。不過是後來因殖民地發達和彈性外交的勝利，這種性格更見突顯鮮明罷了。」

英國人對有色人種有偏見，擺著紳士的架子，但對英國屬地的有色人種卻又例外，這或許是長期實施民主政治的成果。在英國國會中，有英國各種殖民地的代表，同樣擁有發言權和表決權。海德公園中批評朝政的演說者中，不乏有色人種。英國女子嫁給非洲黑人的很多（大多是嫁給政府高級首長或大學教授等），英國與其屬地有色人種的相處，似乎較美國人與其國內的黑人相處更來得融洽，華人住在英國，若父母都是中國人，在英國出生的兒女，自然也是中國人，但到了十八歲時，可以自己選擇，可以仍然做中國人，也可以取得英國國籍，做英國的子民（British Subject）。

美國雖是對於有色人種也有差別待遇，但那完全是社會上的，因美國雖早前在法律上對於有色人種有所差別，或也在某一特定期內對某一特定族群有所歧視，諸如二次世界戰珍珠港事變後，將在美國的日本人送入集中營；二〇〇〇年，九一一事件後，基於防恐滅恐，將中東回教可疑分子隔離監禁或監視，可是，全美國社會，對於外國人並不歧視。

英國在政治上，雖沒有對不同人種有差別待遇，但社會上的不同人種差別待遇卻十分普遍。英國人對倫敦唐人街就曾有過極度輕視。英國人對有色人種，不要說交往，就是在路上偶然相遇，有所詢問的，也是要理不理。英國白人女子嫁有色人種丈夫，或英國白人男子娶有色人種女子爲妻，都難以爲英國白人社會所接受。

在英國人的心目中，階級非常之多，白色人種自視最高。不過，同一白色人種中，也分許多階級：歐洲以外的白人，不及歐洲白人；在同一歐洲白人中，北、東、南三部的歐洲人，又不及西歐白人；在所有西歐白人之中，包括法國白人，都不及英國人。換句話說，就屬英國人才是世界最優秀的民族。所以，孟德斯鳩（Charles Louis de Secondat Montesquien，一六八九至一七五五年，男爵，法國律師及政治哲學與歷史哲學作家）曾說：「法國人交不到一個英國朋友。」

英國的貴族更是傲氣逼人，不是同類絕不成堆。在過去，英國貴族比的是出身、血統，但現在的英國貴族圈，他們不再單純地以出身、血統自豪，取而代之的是經濟力。在新式的貴族圈內，講究的是你的消費能力、參加什麼等級的俱樂部，受高等教育也不再是成爲貴族的必要條件。

除了王室與貴族外，紳士也是一種驕傲的階級，紳士的舉止要有禮貌、生活要追求品味，以別於一般平民生活。

一個喜愛驕傲的民族，它必須有實力做後盾，否則就成了夜郎自大。英國國力日趨衰退，使得一向倨傲的英國人也已有所收歛，現在的英國人雖已高傲不起來，但也不致淪爲自卑，而「矜持」可能成爲英國人新的民族特性。

五、橫蠻剽悍

一般而論，島國人民的民族性都比較剽悍，又以英國人最爲顯著。英國人的祖先原本就是海盜。英國人剽悍民族特性最能明顯地表示出來，要算他們的經商和殖民了。經商本是一個國家常有的事，不過利用商業發達來發展殖民地，用商業來做海軍的先鋒，用商業來做統治世界的工具，這件事在英國歷史上，是顯而易見的。

英國的殖民也和別的國家不同。別國殖民，總是多數人注意的地方，例如他們在美洲、在南洋、在遠東，都比各國發展得早。並且，別的國家殖民不一定就能長期保留。

在歷史上，先前西班牙的殖民地，也幾乎遍及全世界，但是到了現代，通通換了旗幟。就如在南洋各地，有許多華僑、華人和華商，長期居住，但是永遠不能掌握當地的政權，就連參與居住國政治的也不多。只有英國的殖民地，只要他們足跡所到之處，他們就能夠很輕易地插上他們的米字旗。而且，一經更易以後，便能維持久遠，直到第二次世界大戰後，才擋不住時代的潮流，而逐步放手讓它們獨立。

強國侵略弱國，自古皆然。中國自十六世紀開始，國勢日衰，西方列強東侵，中國海權十六世紀操於葡萄牙、西班牙之手，十七世紀荷蘭人取而代之，十八世紀由英國取代，陸上北極熊俄羅斯自十七世紀入侵中國，十八、十九世紀，中國幾被英、日、俄、法、義、德、奧、美等列強瓜分，直至二十世紀上半葉，中國還飽受日本帝國主義者的蹂躪，而對中國危害最早最烈的首推英國。尤以英國這個「紳士」國家，自十七世紀至十九世紀用鴉片做侵略工具和殘害中國人民的手段，至道光年間，每年輸華鴉片達兩萬多箱。若非這個民族陰險冷酷，斷不致發明這種喪盡天良的對外政策來。

儘管英國的教育，處處講究人格；英國的社會，處處提倡紳士的風度，但若從實際社會看來，卻完全不是那麼回事。我們看英國每年的犯罪比率，並不比那些不特別注重人格和不提倡紳士的國家低。並且，英國的政客和商人，到了利害衝突的時候，那種不擇手段、拚個你死我活方肯罷休的可怕情景，令人不得不懷疑英國的人格淪喪。

六、裝腔作勢

英國男人風度翩翩，氣宇軒昂，講話聲調悅耳動聽，但難免有些裝腔作勢的味道。

裝腔作勢英文叫 Snob，但這個字眼在中文裡沒有明確的翻譯，綜合英漢大字典上的解釋是：「裝縉紳的人，裝高貴的人，諂上驕下的人，勢利的人」，Snobbery「好勢利的性格或行爲」，Snobbism「勢利眼」。但 Snob 並不是其中一種人，而是綜合這四種身分的人，他可以有百分之三十的裝縉紳，百分之四十的裝高貴，百分之十的諂上驕下和百分之二十的勢利。中國話裡有「勢利眼」、「裝模作樣」等等字眼，實際上並不能把 snob 這個字形容得十分恰當，也許它只能意會而不能言傳。但這裡所說的「勢」則包括「氣勢」和「架勢」等。

裝腔作勢的人在每個國家都有，在英國卻是最普遍，最公開。英國人有「紳士風度」，眞紳士雖不少，假紳士卻更多，這大概跟他們社會上階級分得太清楚有關係，階層低的人總想學學上流社會的模樣兒，上流社會的紳士淑女們也要擺點「架勢」，好叫人別小看了他們，這樣上下交征「勢」的結果，就把英國變成一個裝腔作勢成風的國度了。

在國際舞臺上，英國一向以「裝腔作勢」的姿態出現。從十九世紀全盛時期的「氣勢」到二十世紀前半期外強中乾的「架勢」，以及現在二十一世紀已到了窮途末路，還「裝腔作勢」，都是假紳士型作風，也許她是以商立國，靠做買賣過活，對外不得不擺出各種「態勢」來。但奇怪的是，在英國國內的學術機構也是一樣裝腔作勢。就拿劍橋大學來說罷，它和牛津大學及愛爾蘭的三一學院是全英國最老的學府，於是這三個學校結成一黨，不承認其他大學的學位，被聘到這兒來任教的人，不管你是博士也好，碩士也好，如果不是「劍」字號、「牛」字號和「三」字號的出品，一律贈以劍橋的「碩士」學位，才表示正式收用。這倒也罷，但這個「碩士」的授予典禮還隆重得很，並不是把戴了方帽子的頭低下去讓校長把繐子從左邊挪到右邊就算了事，在這兒領學位的人得要先下跪，校長口中唸唸有詞，大概是拉丁文吧，裝神弄鬼一番才算完成大典。這對一個已經在別的大學，得了博士碩士學位的人來說，簡直是極盡屈辱之能事，使人想起小說上描寫的，叫化子入丐幫，得先讓人吐足了唾沫才行。大概是由於劍橋的年代久，名氣大，氣勢足，不但吸引了大批附「勢」求榮者，也調教出了一大堆假紳士勢利人來，把這個中古的小鎮變成了一個「製造假紳士勢利人」的中心，「勢」的藝術也在這裡發揮得淋漓盡致。

再拿英王學院（King's College）的盛宴來說吧，兩三百人黑袍、黑掛、黑褲、黑領帶、黑壓壓的坐了一地，活像是魔術師大聚會，飯前的祈禱文爲了要讓上帝聽得懂，凡人聽不懂，自然又是用拉丁文唸的。參加盛宴的清一色都是春風得意的貴族子弟，看來一個個都是矯糅造作，陰陽怪氣的，用餐時擺出最好的架勢，爲了表現出溫文儒雅，有教養，他們專心一意的把肉切成一小塊一小塊的往嘴裡放。

要想做僞君子、假紳士，還得有十足的功力才行，要做到所爲非僞，是眞非眞，眞眞假假，假假眞眞，即使有人點出是僞，仍得笑容滿面，禮貌周到。這些只有英國人做得到，而他們所憑藉的功力，就是英格蘭民族所特別具有的「氣勢」與「架勢」。

在英國，裝腔作勢扮假紳士並不容易，首先得把英語說好，不但要說得字正腔圓，還要講究聲調高低和拍子快慢。其次，假紳士們除了要在有意無意之間抬高自己的身價以外，還得要三不五時顯一顯自己的博學。與老美和老中比，老美吹得太凶，粗俗得很；老中又太謙虛，「勢頭」不足；只有英國的假紳士說得溫，做得絕，令人傾倒。

其實，在「假紳士」堆裡混，是非常有趣的，本來嘛，人生如戲，戲如人生，而「假紳士」們又多半是以喜角或丑角的姿態出現，你看他們演得出神入化，若有其事似的，愈看愈感心曠神怡。

七、唯利是圖

在一個資本經濟發達的國家，「勢利」二字，在所難免，不過，其他國家社會的勢利，從來沒有像英國社會，發揮得如此淋漓盡致。英國納爾遜將軍（Viscount Horatio, 1785-1805，英國海軍大將，Trafalgar 海戰中以戰勝拿破崙而享盛譽，而他亦在此戰役中殉職。）曾經說過：「不得財產，是我所不能寬恕的罪惡。」蘇格蘭經濟學家史密斯（Adam Smith，一七二三至一七九〇年）也說過：「英國最不名譽的事，莫過於貧窮。」

十九世紀，英國有一位大雄辯家也說：「假如我守正義，我就一日不能生存。」

著有《近代畫家論》、《藝術經濟論》的英國評論家魯斯金（J. Ruskin，一八一九至一九〇〇年）說：「在所有一切英國人的遊戲當中，賺錢居其首。」

英國大文豪蕭伯納（George Bernard Shqn，一八五六至一九五〇年，英國劇作家、批評家、小說家及社會改革者）更是勢利得荒唐。他在 *Majar Barbara* 的序言中有一段如此說：「世人普遍愛錢，是我們文化唯一的吉兆，是我們社會良心唯一健全的地方。金錢是世上最重要的東西，財富代表健康、體力、信義、慷慨、美麗，猶如貧乏代表疾病、懦弱、恥辱、卑鄙、醜陋，這是如日月經天無可諱言的事實。還有一個最大的長處，就是金錢能使高尚的人膽壯心雄……金錢就是生活，猶如鈔票就是金錢；這兩樣是不能分離的，金錢是社會上分配得到的錢……國民所最需要的是金錢，我們所應攻擊者，不是罪惡、痛苦、貪汙、神父、君主、民主、壟斷、愚昧、美酒、戰爭、災疫，也不是那些社會改革家犧牲的東西；我們所應攻擊的是貧乏。」

英國人「唯利是圖」的現實化思想，在外交上更是顯而易見。英國外交流傳全世界的一句名言是：「No permanent enemy, no permanent friend, but permanent highest national interest.」（沒有永久的敵人，沒有永久的朋友，只有永久的最高國家利益。）現今世界各國，包括英國人的表親山姆大叔（Uncle Sam）都把這句話奉爲圭臬。

八、不動聲色

中國人的性格，是說了不做；法國人的性格，是說了再做；德國人的性格，是做了再說；而英國人的性格，是做了不說，或只做不說。即使說，也非常謹愼。

話說歐洲早年有兩個英國兒童到瑞士去爬山，當爬上山頂全景在望的時候，第一個說：「不很壞」。第二個說：「還不錯。」，如此而已。他們絕不胡說，也不誇張。

在歐戰期間，有個英國飛行家，敘述他在西歐最前線的輝煌功績，當聽眾受到了感動，正要歡呼雷動慶祝時，他趕緊聳一聳肩，輕描淡寫地說：「這算不了什麼」。

既然英國人具有這種沉穩的性格，所以他們在政治上和社會上的作爲，都是一種銜枚疾走的現象，譬如「革命」（revolution）這種大動作，無論在任何國家，都免不了流血，唯獨在英國歷史上好幾次革命，都是以不動聲色完成。宗教改革在德國血戰了幾十年才完成，但在英國，根本沒有任何激烈運動，宗教改革就宣告完成。又如侵占別國的土地，消滅他國的霸道行爲，在別的國家，少不了要動用軍隊，但在英國經營的殖民地，往往在神不知鬼不覺中就已經完成了統治權的轉移，如像對當時擁有三億人口的印度，英國僅以一個幾百人的「東印度公司」，就輕而易舉地取得了印度的統治權。

英國的戰爭也是這樣。像英國的皇家海軍，從來就看不出他們有什麼赫赫的戰功。但是在他們對付拿破崙和對付威廉二世，都是不動聲色，就把這兩個歐洲怪傑、世界霸主給收拾了。又如上次歐戰，英國人在最初不主張調停，直到德國進攻比利時，英國的態度才明確表示出來。

英國的外交和新聞，也都以不動聲色見長，英國各黨各派的外交政策都沒有什麼神奇的地方，英國的外交機構也看不出有什麼特色；但是英國的國際偵探遍布全球。世界各國之間，若有祕密外交，最先知道的必定是英國。清末李鴻章和俄國締訂密約，第二天英國即探知內情，向媒體披露，全部公諸於世。

英國新聞的態度與別國不同，例如戰後對德的賠償問題，法、德國內的報紙每天大肆喧噪，唯獨英國報刊，充其量只作冷嘲熱諷。

而且，英國人所到之處，無論是學者、商人或教士，都負有國際偵探的任務。

九、不求畫一

英國人的性格，和英國的天氣一樣變化無常，所以英國的政治文化，也和其他國家不一樣。其他國家的政治文化，都有一定公式可循，只有英國的政治文化，毫無公式可言。不過，我們也要勉強歸納起來，據此推論；這變化無常，就是他們政治文化的公式。

英國人的政治思想與德國人的政治思想亦有差異。要想了解德國戰爭的意義，從出版品中就可看出，但是稱爲德國表兄弟的英國情形，就和德國完全相反。英國的政治思想，著重經驗的歸納。英國人的意志則著重於適應和忍耐，他們接受不斷的教訓，不相信有政治思想的必要，也不覺得有最後目的必要，他們以個人尊榮的信條來生活。

英國人不願等到他們的人生觀完備才去生活，「大不列顛及北愛爾蘭聯合王國」並不是一種前定觀念的實施，乃是許多件實用決議不知不覺的結果。英國的制度是不斷成長的，而不是由哲學建築師計劃建成的。英國的國會不善用玄學或熱烈的雄辯，寧取事實和圖表之熟練與明白表述的能力。英國的政策常因嚴格地承認現在事實，審慎地注意現在的利益，而且以特殊的忍耐性與堅持性，使它不致墮入機會主義的易變性。

就內閣制度而言，各國內閣閣員人數都是固定的，至於英國內閣閣員的人數，那就伸縮性很大了。多的時候，多至二、三十人（包括大法官等）；少的時候，可以少至五人或三人，在第一次世界大戰期間就曾有過六人內閣和五人內閣。

又如政黨，美國的共和、民主兩黨，相持幾十年，至少尚無大變；但英國不然，號稱保守的英國，原來也是兩大政黨，但是變化卻非常劇烈，戰前的自由黨與統一黨平分政權，到了戰後，幾乎淪爲泡沫黨，而向爲英國人所藐視的工黨，忽然異軍突起掌握政權。

在政治上，英國沒有一部成文憲法，是人所熟知的。在地方政治制度上，更是處處都不一致。各地方有各自的歷史背景，和因不同的慣例而沿襲至今，各種不同的制度，從來沒有人打過他們的主意，要予以統一修正，使其整齊畫一。理由是各地方多年來執行他們自己的制度，一定有其必然的理由。如不合適，早就由地方議會改正過了。既然他們自己沒改，這個制度必定有它的長處。基於這樣的理由，也就沒有人主張統一地方制度，更無所謂通則之類的東西。這種眞正百分之百的地方自治，也就是英國民主政治的基石。

不僅行政方面的制度如此，司法制度也是如此。各地方有各地方的判例和慣例。同樣一事件這一個地區認爲違法，也許在另外一個地區就沒有關係。

軍隊應當是最畫一的，可是英國的兵制也不完全統一，蘇格蘭兵的制服，就和別的兵不一樣。女王的御林軍中，蘇格蘭兵還是披著披肩，穿著裙子的。

英國以英語爲國語，英語又分爲蘇格蘭語、威爾斯語和愛爾蘭語等多種。英語已經是世界的通用語了，但在威爾斯的司法和政府事務方面，若使用威爾斯語同樣有效。

此外，在威爾斯地方的許多小學校仍以威爾斯語爲必修的語言，而英語是按教外國語的方法來教導小孩子的，這確實是英國人不強求畫一的一個最顯著的例證。

英國許多學院都不能從名稱上斷定它們的內容。因爲這些學院各有它們自己建立的歷史，所以，它們的名稱、制度、內容都不畫一，都是學系重重複複的，而且同名稱的學系，其課程的內容又可能全然不一致。可是從來也沒有人調整過它。從建校到今天，一任其自由發展，各展所長。

大學不提，中小學學生是穿制服的；但沒有標準制度可言，各校有各校自己的一套制服。貴族化的伊頓學院穿的是禮服。還有一所叫作 Christ Hospital 的學校（Hospital 這裡不是指醫院），孩子們仍穿六世紀以前的長袍做爲制服。各學校所教的課程也沒有所謂國定教科書一類非用不可的教本。各校的校長有權決定他的學校要教什麼樣的課程和課程的標準。他們也並不覺得不妥。

劍橋大學三位一體學院（Trinity College）的建築物大門，和一所莊嚴華麗的大教堂，以及其他房舍的位置，似乎都是隨隨便便安排的。好像怎麼建都無所謂。最好玩的是，這所四方形的院子，並不是一個等邊形的正方形或長方形，而是不等邊的斜方形。院中有一個水池和亭子，它們的位置又不在院子的正中心，而是離中心歪了約二十呎，看來很不協調。

倫敦街頭隨處都可看見許多彎曲的巷子，也沒有人建議儘可能把它改直，彎曲就任由它彎曲。市政廳絕不會爲了打直一條巷子而去侵犯市民的產權。房屋也是形形色色，無奇不有，倫敦許多有名的古代大建築物並非採用對等相稱的型式，而是這裡一塊這樣，那裡一塊那樣，把它們拚湊在一起的。人們也不以此爲意。

許多觀光客初到英倫，就面臨零整錢幣換算的困擾。譬如：一英鎊二十先令，一先令十二便士。另外還有所謂一英鎊一先令的基尼（guinea），弄得他們丈二和尚摸不到頭，只好在買東西，在餐館用餐時，把錢攤在手上，叫對方自己自取。在量體重的時候，又會遇到以十四鎊作爲一個「石頭」（stone）來計算的辦法，弄得他們自己連體重都不會量了。可是英國人自古以來就用慣這種麻煩的計算辦法，從來也沒想過照國際標準，改成十進位的制度。直到一九七四年加入歐洲聯盟後非改不可時才改爲十進位的制度。

十、民主素養

英國是民主政治的發祥地，也是民主政治實施得最好的國家，其民主制度之所以有今日這樣的規模，並不是一朝一夕的事，更不是少數人根據政治理想制定幾個方案造成的，而是經過長遠的發展慢慢長成的。其實，任何一種行之有效的良好制度都是長成的，而不是造成的。造成的制度，最後難免失敗，例如第一次世界大戰後的德國威瑪憲法，按憲法學的理論來看，是全世界一部最完美的憲法，可是，曾幾何時，被希特勒一手撕毀，民主終成畫餅。相反的，英國是一個不成文法的國家，它的一切社會政治制度，都是由習慣演變而成的。習慣深入人心，所以，英國的民主政治已經成爲人民的一種生活方式，不僅是一種政治制度而已。英國人從求學到踏入社會，處處都被灌輸一種民主素養，這種民主素養才是英國民主政治成功的眞正原因。

英國人的守法精神已經到了不著痕跡的地步，守法已成習慣，守法能到這樣的程度，不是僅靠法令條文可以辦到的，而是成了一種生活習慣，自然而然地就這樣做了。

守法精神的另一要義，是法律之前人人平等，所謂王子犯法，與庶民同罪。不論地位高低，如果行爲干犯法禁，誰也不能逃過法律的制裁。否則，法律的尊嚴將爲社會上具有特殊身分地位的人所破壞，而這些人往往最容易（有時候不經意的）干犯法令，如果他們沒有法律意識、沒有養成守法習慣的話。在這方面，英國也足以做爲許多國家的榜樣，尤其是東方國家。例如在第二次世界大戰期間，英國物資奇缺，厲行節約和配給制度後，規定一個人每天消費的物品不得超過某個限度。當時的英王喬治六世也不例外，他每天食用的雞蛋，不超過政府所規定的數量（一個），甚至連入浴的用水，也不超過規定的限量。即使僕人把水放多了，他會自動把水減少，維持規定的標準。

第二次世界大戰時邱吉爾領導英國人民度過戰爭的危難，因而成爲萬民景仰的民族英雄，可是戰後選舉的結果，人民捨棄邱吉爾，選上了艾德禮。爲什麼呢？因為，民主政治不需要英雄，英雄是國家危難時才需要的，邱吉爾的雄才大略，可以對付納粹德國的侵略，但艾德禮的社會政策卻能收拾英國戰後的經濟殘局。人民放棄了邱吉爾，並不感到有對不起邱吉爾的地方。邱吉爾也沒有被放棄的感覺，因為民生利益和英雄崇拜根本是兩回事，不贊成邱吉爾政策，並不意味不崇拜邱吉爾的豐功偉績。所以儘管戰後英國不再需要邱吉爾的領導，但人民對邱吉爾的崇敬，卻有增無減。

世人皆知英國是民主政治實行得最有成績的國家，也是人民最享有平等自由的國家，但自由平等並非漫無限制。階級區分很明顯，政黨的去留完全取決於人民的選擇。民主政治的基本精神，不外法治觀念和守法習慣。最重要的還是由於長久生活教育所培養出來的民主素養。

倫敦海德公園的「演講角」（Speaking Corner）是倫敦著名的自由發表言論的場所。只要有發表欲的，不論是英國人或外國人，想要演說，盡量在那裡暢所欲言，沒人干涉。此外，英國人對外國人的惡毒訾罵和嘲諷也同樣有興趣洗耳恭聽，這種情形是其他國家所沒有的。海德公園的「民主廣場」大概就是訓練英國國民禁得起罵的場所，就好像練武功的人一樣，在鍛練打人以前，先要練好挨揍的本領。特別是有從政野心的人，更得具備這種挨罵的涵養才成。不然，經人一罵就氣炸了，又如何能肩負國家重任呢？

英國人從來就不主張畫一的言論。英國輿論眞是五花八門，無奇不有。英國的民主是以多數人的意見爲意見，但不因此把少數人的意見或利益一概抹殺。能容忍異己，才眞正是英國民主精神的所在。

「即使我們反對對方的意見，也要讓對方有陳述意見的權利」，這種近似自由主義的原理就是起源於英國。

在思想言論和出版自由方面，英國可以說是其他各國的鼻祖和先驅。

十一、守法精神

英國人性格比較拘謹、保守、有耐性，他們的守法、守秩序、講公德，好禮節等等，是人所熟知的事。在倫敦每天上下班時的 Rush hour，大街小巷，車水馬龍，人潮洶湧，絡繹不絕於途，但是絕不爭先恐後，公共汽車站、地下車站，人人排隊購票上車，或排隊進入餐館，秩序井然，彬彬有禮。在餐館內或在公車、地鐵上，沒有人大聲說話，所以倫敦雖是第一流的世界大城之一，但是到處安安靜靜。即使在鬧區之中，也沒有嘈音增加市民的煩惱。假如孔夫子今天從我們禮讓之邦北京或臺北，去到「蠻夷之邦」的倫敦，恐怕他的第一印象一定是：「禮失而求諸野」了。

英國人通常用通情達理的處世方法來解決切身的問題，其所選擇的解決方法，絕不損害他人的利益，也儘量不觸及法律，而在整個歐洲社會之中，英國是法律條款最少的國家。

這個國家的法律大都是不成文法，並非十全十美，但一般英國人仍然認為應秉持良心來施行法律。在他們認為，法律是用來維持秩序和保護自由、民主的，因此人民對法院的判決不會發出任何怨言，也不會對法官有任何反感。

基於這種守法的秩序感，對他人自由的尊重及內外兼備的謹言慎行等等美德，英國的社會生活看起來非常和諧。

英國人的守法精神是令人欽佩的。英國的警察和軍人平時出現在市區或公共場合的幾乎少之又少。除了白金漢宮有一隊御林軍站崗外，首相府原來並無門警，自柴契爾夫人任首相時遭到一名莽漢搔擾後，才開始有了一名徒手門警。對面的國防部也只有兩個頭戴黑高帽，身穿紅邊黑衣的徒手守衛，表情輕鬆愉悅，給人平和安祥的感覺。不像某些國家，三步一崗，五步一哨，到處都是警察，英國的這種作法為國家節省了不少人力和物力。

十二、城堡心態

有一句從英國流傳到全世界的名諺：「一個英國人的家，就是他的城堡」。這也正代表著英國人注重個人的隱私權和自由權益的精神。

不過，這裡所說的「城堡」，不只是有牆垣、屋頂、門窗的家，似乎還有其他的意義，那就是每一個英國人自己就是一座小小的城堡，而且在他自己的周圍，設下了一道無形的屏障；看不到，摸不著，但是感覺得到，除非主人從城堡裡出來，否則大門緊閉，外面的人永遠進不了城堡。

這聽起來未免門禁森嚴，老死不相往來。不過事實上也是如此，因爲他們個性保守，交際亦止於平日來往的小圈子，不喜歡串門子。

在倫敦，任何會晤都應預先約定並準時赴約；如果因故需要順延，應先電話通知並致歉意；見面如非熟友或深交，只能稱呼姓氏；與英國人聊天，不可談及私事，尤忌詢問年齡、薪水、房租等個人隱私。

現今世界交通頻繁，世界各國的人彼此做朋友是極普遍的事，但假若一個外國人想和英國人做朋友，卻不是一件容易的事。

他們這種「閉塞」心態還可以從他們房舍建築看出，他們都市的路名、街名和編號都不按牌理出牌，會讓乍到英國的外國人感到無所適從。英國的街道很少是筆直的，令人莫測高深。從空中鳥瞰，許多都市的街道呈現出S、L、T、Y、W等各種彎曲狀。問他們爲何有這種設計？可能是因爲隱私作祟，有人說是不願讓人從街的一頭能望穿街的另一端。

這也就罷了！但是他們卻吝於爲轉彎過大的街（在我們眼裡簡直是算兩條街的）另取一個街名；相反的，若意外地錯把街道鋪得過直，則又硬將路分成數段，取上好幾個街名。而且街道的名稱，也不像我們的「道」、「路」、「巷」、「弄」等來得單純。他們喜歡別出心裁，巧立名目，如「新月彎」（crescent）、馬廄徑（mews）、樹叢（grove）、溝（vale）、觀（view）、走（walk）、拱門（arch）……。更過分的是將同名的「樹叢」、「溝」、「觀」

等擺在同一區，提供你免費逛迷宮的樂趣。

門牌號碼更像是在開玩笑似的。他們不像一般街道一邊單數，另一邊雙數，忽爾一、二、三、四；忽而六、七、九、十，原來因爲迷信，將五、八給省略掉了；有時號碼從街的中央往兩邊隨意分散，或從兩頭慢慢集中，更有時索性拋棄這兩個陳規，給自己的房子取個名字叫「白屋」、「鳥屋」等，而偏偏「白屋」在倫敦不下千家，以致郵差送信有陰錯陽差之事已司空見慣。

世界各地的酒館通常都是喧囂嘈雜的場所，各種年齡和職業的人都有。可是在英國的酒館裡，經常看到有些人，獨個兒買了一杯啤酒，站立或坐在吧檯旁邊自斟自酌，表情一臉木然，既不搭理人，也不希望被干擾，連續幾個鐘頭，有意無意地拒人於千里之外。這種無形的城堡本身就含有一種矛盾和扞格的成分。在酒吧裡，彼此相隔咫尺之內，而距離千里之外，看來似乎是高度的自我節制、獨立自主。其實未必，如果眞的是要從容獨處，又何必到酒吧裡來，擠身於人群和喧囂裡？

邱吉爾的名言：「酒館關門我就走」，不就意味著某種不願承擔的孤寂嗎？還有，在公園裡經常可以看到一個人牽著自己的狗，長時間的散步，不發一語。和酒館裡一個個小城堡一樣，這豈不也有欲語還休，欲迎還拒的味道嗎？

不過，英國人這種性格上不協調、自相矛盾的特質，也許有其他的含義。要蓋一座雄偉壯麗的城堡，可能需要數十年，甚至上百年的時間。而要在一般人的性格裡，普遍地堆砌出來那道無形的城牆，顯然需要更長更長的時日。且必須世世代代的人都接受和認同這種特殊的性格。在剛開始，可能只是歷史上一連串的偶然，隨著內在和外在環境的變化，有一次又一次的機會可以轉折而沒有轉折；被保留下來的，就很難說只是偶然了。

無論如何，英國人的這種城堡性格，到底有什麼含義呢？最明顯的，當然是一個人的自我節制。要維持城堡的疆域，自然要豎起高牆，因此言行舉止上的含蓄保守、有禮有節，正是要堆砌那一道城牆，好讓其他人不能輕易穿越。

當然，自我設限是對自己尊重，可是這種作法的另外一面，其實是對其他人的尊重。因為，希望別人不要隨便闖入自己的城堡，相對的，也不隨便侵犯別人的城堡。

最重要的，也許是由每個人自己的親身經驗裡，體會到人際之間的界限，而且這種你我彼此之間的區隔，自然而然地延伸到群己和公私之間的分野。更進一步，由實際生活的體驗裡，每個人也都相信可以維持公私之間的分寸。也就是，某種客觀、公平、合理的規則是可行的——抽象的看，這正是法治的基礎。

一旦形成這些信念，或是只知其然的習慣，當英國人有機會飄落到其他土地上去時，也會把這種性格和這種性格所支持的典章制度帶過去。因此，論紀律，英國人比不上德國；論熱情，比不上西班牙；論實際，比不上中國人；論文化，比不上印度人；可是，歷史上有多少國家有過殖民地，然而有哪一個國家的殖民地能發展成今天的美國、加拿大、澳洲、乃至於印度、香港、新加坡的模樣？相形之下，當美國人帶著美式民主，硬梆梆地向世界各地推銷時，卻很少有成功的例子，這是不是直接間接和英國人的城堡性格有關？

十三、特立獨行

世界民族性的矛盾，莫過於英國人。從表面看來，世界上最圓滑的民族，莫過於英國人；從骨子裡看來，世界上最富於特立不倚精神的，也莫過於英國人。我們拿英國的歷史來看，自古以來，在歐洲，無論是政治運動或是社會運動，縱然已風靡全球，英國絕不輕易加入。譬如法國大革命、維也納公會以後的反動，都只是隔岸觀火，與英國人彷彿毫無關連。

總之，英國自有自己的革命模式，英國自有英國式的反動。最妙的是英國的外交。除了十九世紀末期到歐戰終了的一段短時期外，無論歐洲各國合縱連橫到如何地步，英國的外交總是置身事外，以不變應萬變，站在範圍外特立獨行。雖然世界各國，如荷蘭和美國，都竭力來學英國，不過，英國的特立獨行，僅能用以自保，不像美國的特立獨行，動輒干涉他國內政和國際事務。

造成英國這種特立獨行的原因，當然是因爲島國的地理因素。但僅僅這一因素，還是不能說明一切。因為這種特立獨行，不僅發生在英國和其他各國的關係裡，也發生在英國人和英國人的關係裡。

英國人的島國特性，因他們農村式的社會生活而更趨模式化。英國人比較不易受外界感染，不易受到環境壓迫，他們是以「自由經理」的資格，參與世界事務。從遠處觀察期待和選擇他們自己的機會，這也是他們採取個人主義的原因，並且，英國教育的模式也是盡力造就這樣的英國人。

十四、幽默風趣

英國人可以說是最富幽默感的民族之一，英國紳士撐把洋傘、拄拐杖，見人就舉起罐頭帽行禮，這些都是電影中常見的景象。

英國人並不擅長一本正經地面對問題，他們覺得正經八百極爲彆扭，很不自然，其他地方所尊崇的價值，諸如賺錢的能力，一流的智慧，萬丈雄心，到了英國卻成爲相當令人遺憾的瑕疵。

英國人走路不快，因爲他們要想好了才走，說話的音調很低，速度很慢，因爲怕講錯了，有損「紳士」風度。但在他們談笑之中，你會覺得，他們如果發現與他對話的人欠缺同等水準和修養，便會在有意無意之間，語中帶刺，「大英帝國的光榮」從潛意識裡含蓄地顯露出來。這便是英國嘲諷式的幽默。

英國嘲諷式的幽默反映在英國人「雙面人」的性格上。雙面人（double faced）含義是兩副面孔的、僞裝的、口是心非的、奸詐的、缺乏誠意的、兩面都可用的。在這個層面上，是英國人的自我，包括自我尊大與自傲；由這潛意識表露出來的是刻薄，但語中不帶髒字，使你我啼笑皆非，讚罵不能。

英國人挖苦人時，只用含蓄的提示和暗語，它來自突發的靈感，亦充滿多樣的聯想，他們亦擅長用一些生動的比喻，因此，英國嘲諷式的幽默很夠深度，殺傷力強。突如其來，使你深感困窘迷惘，一時反應不過來而無法招架。

英國嘲諷式的幽默也充分表現在他們的文學作品裡，英國文壇幽默大師蕭伯納就是最佳的代表。

這種嘲諷式幽默，也迭次出現在政壇辯論會，議員們爲了爭奪權位，針鋒相對，相互廝殺，給「坐山觀虎鬥」的社會大眾增添不少疑惑、困擾和焦慮，而成爲茶餘飯後的閒聊話題和笑柄。早年，英國平民院（House of Common）有位叫亞當斯（B. C. Adams）的議員，平民出身，父親是獸醫。某日，議會開完，議員們都在彼此寒暄，貴族院（House of Lords）的議員喬塞（Geoffiey Chaucer）伯爵也在，喬塞伯爵想藉機揶揄亞當斯一番，他很不屑地向亞當斯說：「聽說你父親是幫動物看病的，是嗎？」亞當斯心平氣和地回答說：「是的，他的確是，請問閣下有病嗎？」

英國嘲諷式幽默的背後是自知，包括自嘲與自我安慰，透露出來的同樣是無奈，個中的酸甜苦辣，五味雜陳，只能意會，不可言傳。

英國人在挖苦別人的同時，也會挖苦到自己。他們挖苦的時候，也出乎一種潛意識的聯想，或出乎一種感觸，是一種含蓄式的辯白和解釋，並不必然有要求對方理解和諒解的意思，也正因爲這樣，才充分顯示出這種嘲諷式幽默的深度。

英國人的度量高深莫測，很少是表面化的和公開化的，一般都出現在平素的言談中和日常生活的瑣事上，特別是升斗小民，因爲英國上層社會以外的庶民，少了些虛僞，多了些純眞。

多數英國人都有避重就輕的習性，他們不願談論比較深奧的問題，有教養的英國人只容許流露出兩種情緒，一種是謙虛有禮，另一種是風趣幽默。一般自視高人一等的「尊貴」英國人常以嘲諷的眼光溫和地過完一生，這就是典型英國人的人生幽默哲學。

英國歷史上，政治的交替相當平和，很少奪權的政變，更少流血的衝突，虛位元首的君權退讓是大勢所趨。英國國內雖迄今仍有階級的存在，但絕對沒有所謂的「階段鬥爭」，因為英國的統治者是圓滑的，圓滑地開放政治，放下權力；而且，英國統治下的子民，亦有樣學樣，圓滑地爭奪政權，圓滑地在政治的漩渦裡打滾。人人圓滑，做事圓滑，說起話來一樣圓滑，這也是全憑英國特有的辭令式幽默。

辭令式幽默，技巧雖很複雜，道理卻很簡單，猶如一加一等於二，但三減一、或四減二又何嘗不是?說穿了，全是在玩政治遊戲，把那些字彙翻來覆去，然後又正本清源，負負得正，兩個否定等於一個肯定。但效果上卻足足造成一種錯覺、一種假象。運用之妙存乎一心。

英國辭令式幽默的最高體現是英國外交官，因為他們很少講眞話，滿嘴的外交辭令，可是他們頭腦清晰，在外交談判進行中，目標固定，方向明確。

外交談判步驟，可以從一點出擊，也可以從一線著手，從一個層面到更高的層面，公開對話或幕後周旋，如一九七〇年代香港回歸和香港新機場談判等，英國就是使盡渾身解數，使用多種手法，與北京較量。首先由最基層的港府出面，然後才是由倫敦外交部派特使到北京朝聖，接下來派代表團北上，公開談判，再接下來是由副外相出面，最後是由外相親自出面。除了檯面上的交手外，是否還有檯面下甚至是幕後的交易？只有雙方極少數人知道。絕大多數要三十年至五十年後機密解除，才會知道究竟。在這漫長的談判過程中，即使是中方參與談判的外交人員，所能體會到的也只是英方自始至終未露底牌。英國外交是陰沉沉的，也可以說是陰險的。在討價還價的過程中，他們圓滑狡獪，針鋒相對，卻從不翻臉。

在談判過程中，他們最擅長在言詞上運用外交辭令式的幽默，加強他們的表面張力和彈性，到了談判最後階段，他們仍不放棄運用英國文字上的張力和彈性，在協議書的文字上動手腳，設下陷阱，預留退路。

由於政治語言中有大量的欺騙，而政治人物又必須不斷的製造語言，英國首相柴契爾夫人坦白地承認，「像我們這種專門搞政治的人，最大的麻煩就是：我們必講許多我們想說的之外的話。」因此，英國政治人物最怕的乃是像電影訪問記者羅賓岱（Rabin Day）、評論家伯納列文（Bernard Levins）這樣的人，他們專門記錄政治人物以前講過的話，並做今昔對比，戳破政治人物講過以後早已忘了的謊言。

許多政治上的「名言」多屬「空言」。英國作家胡森（Kenneth Hudson）最近在《現代政治中的語言》一書，就分析了有關政治的標籤、符號、名言，然後評論說：「這些都是好主意，反正它們對任何人都沒有特別的壞處。」

英國首相邱吉爾是一個以幽默風趣譽滿全球的風雲人物。有人問他：「作為一個政治家需要什麼能耐？」他回答說：「身為政客，要能夠預言明天、下個月，甚至一年以後會發生的事——然後懂得事後解釋為什麼這些事件沒有發生。」

有一次，在一個露天集會上，臺下黑壓壓地一群民眾，表現出極大熱情來聆聽這位大政治家的演說。主持集會的是一位女士，看到這個場面，興奮地轉過頭來對邱吉爾說：這樣多的人來這裡，只是爲了瞻仰你的風采和聽你的演講，你是否覺得這場面讓你十分感動？邱吉爾淡淡地一笑，對這位女主持人說：面臨這種聲勢浩大的場面，我經常這樣想，這不是我的形象有多麼偉大，我的演講有多大的魅力，主要是群眾看熱鬧的心理。假使今天在這個廣場上是舉行公審邱吉爾大會，然後吊死我，我想，參加的民眾，可能比現在臺下的人數還會多出一倍。

邱吉爾晚年時，有一次搭乘一艘義大利郵輪出遊。《羅馬時報》記者問他：「邱吉爾先生，你們英國有許多豪華的郵輪，你爲什麼不乘，偏偏要光顧義大利的郵輪？」

邱吉爾不假思索地回答說：「我選擇你們的郵輪，有三個原因，第一、你們船上餐廳的菜餚非常可口，比許多國家都出色。第二、你們的服務很周到，使我有賓至如歸之感。第三，」邱吉爾稍稍停頓了一會兒說：「因爲你們船上沒有

『婦女優先』（Lady first）那一套規定，讓人感到比較輕鬆。」言下之意，義大利在禮數和文明方面，落後英國甚遠。

參、愛爾蘭人的獨特性格

愛爾蘭的面積是臺灣的兩倍大，人口卻只有臺北市那麼多。

愛爾蘭人愛喝酒，自然而然酒館就多。九十萬人口的都柏林兩三步就有一家，有時甚至一步就有兩三家。然而，你知道愛爾蘭人一天喝多少酒嗎？《愛爾蘭獨立報》有一篇報導，標題是：「我們一天喝掉四百五十萬鎊！」這數字眞是令人怵目心驚，三百五十萬人口的愛爾蘭，一天要喝掉四百五十萬鎊〈折合新臺幣將近兩億兩千萬〉，這世界上似乎沒有人比他們更會喝酒的了！

愛爾蘭的酒館除了提供喝酒之外，其實也是交際的場所。許多人來喝酒，兩杯黃湯下肚，就開始高談闊論，上自天南地北，下至保險套的使用問題，幾乎無所不談。

愛爾蘭是個言論相當自由的國家，你可以罵國家任何領導階層的人，但沒有人敢罵神父。在愛爾蘭，教會的權威至高無上，主教除了掌管教務之外，有時也要干預立法，譬如前些日子，議會爭論幾歲可以開始合法使用保險套的問題，最後定論是十六歲，但主教不同意，他堅持十八歲，他很生氣，說：「你們這些人亂來，死後上不了天堂的！」大家閉上嘴巴，不用再爭論，議會以十八歲爲原則通過。

然而，愛爾蘭的教士們要管的事情不只如此，除了管立法，也要管人們的精神生活和道德節操，很多時候也管他們喝酒。

宗教和喝酒是愛爾蘭人的生活核心，如果抽掉了天主教和酒館，愛爾蘭會成爲什麼樣子，實在很難想像。大多數愛爾蘭的文學作品也離不開天主教和酒館，喬治・摩爾著名的短篇小說集《動盪的土地》，至少有一半以上的篇幅都在描寫教士的生活，喬艾思一本厚厚的《尤里西斯》則花費了相當份量的篇幅描繪都柏林的酒館。

喝酒！是的，愛爾蘭人打從娘胎開始就會喝酒了，許多女人在酒館裡和男人比賽喝啤酒，直到喝醉倒地爲止，主教說：「記好，天堂是沒有酒館的！」

愛爾蘭至今仍是歐洲唯一不准離婚和墮胎的地域，主要原因就是主教遲遲不肯點頭。

愛爾蘭和大不列顛是一體的，事實不然，即使在殖民時代，他們也從未眞正一體過；經過八百年漫長的掙扎，他們終於擺脫了英國人的糾纏，卻留下了兩條切不斷的尾巴——英語，以及北愛爾蘭。今天，除了英語以及靠左邊走路和開車的習慣，愛爾蘭人早已尋回了自己，他們努力提倡凱爾特語，並將之列爲愛爾蘭的官方語言，同時不斷努力發揚古凱爾特文化。他們驕傲地自己認爲，愛爾蘭就是愛爾蘭，除了英語，一切與大不列顛無關。

愛爾蘭最難能可貴的地方，是人們在這塊土地上，可以得到安靜和時間。愛爾蘭有一句俗話說：「上帝給人們以時間」，人不是鐘錶的奴隸，因此人們的生活不受時間的拘束，大家生活都能隨遇而安。多半人家都是幾間草屋，屋後一片菜園，還飼養有幾隻牛羊，這種情形，特別在愛爾蘭西部最爲普遍。這裡是值得羨慕的世外桃源，與人無爭。愛爾蘭人並不是不肯工作，只是不願當工作的奴隸而已；他們工作要出於自願，並且自訂工作時間，愛做多少，便做多少，還可以隨時停止工作，走進小酒店裡，喝上一杯苦味的黑麥酒。

愛爾蘭是沒有階級的，人們平等自由，生活簡單樸素，沒有虛僞，誰也不能強迫或驅使別人，對人不重財富而重人格，他們的一舉一動，都透露出強烈的自尊心，這就是愛爾蘭民族在幾百年異族壓迫和死亡艱困的威脅下，至今還能屹立不搖的愛爾蘭精神。

愛爾蘭人比英國人更保守，更實際和更富有詩意。他們做事一板一眼，絕不投機取巧。愛爾蘭有句俚語，說：「沒有走過橋的時候，不要想到橋那邊的事情。」

愛爾蘭的文學和藝術曾經炫耀寰宇，愛爾蘭的詩歌和音樂更是膾炙人口。現代文學史上，愛爾蘭印記著一串長長的顯赫名單：蕭伯納、王爾德、約翰辛、濟慈、喬艾思、歐凱西、貝克特等。這張名單裡頭赫然有三個是諾貝爾文學獎的得主。

愛爾蘭人除了喜歡喝酒，其實也很會唱歌，文學創作那更是不用說了。U2合唱團的主唱在報紙上的一次訪問裡曾這樣說過：「我們愛爾蘭沒有偉大的科學家、太空人或工程師，但我們有的是世界一流的作家和歌手。」此言誠屬不虛，因為事實已經說明了一切。

肆、蘇格蘭人的獨特性格

談到蘇格蘭人，就會令人聯想到男人穿著風情萬種的格子裙（kilt）吹著很別緻的風笛的模樣。

的確，蘇格蘭人穿著格子呢裙，站在空曠地上引頸吹風笛的英姿，早已深植世人深扉；而每年愛丁堡藝術季的最高潮「軍事檢閱」（military tattoo）之所以招徠萬人空巷的人群，爲的也是一睹格子呢裙的風采。

人們著迷於蘇格蘭裙，與長久以來圍繞的一個話題有關：不知蘇格蘭男子，裙內是否有穿內褲。據了解，答案是否定的。你只要從蘇格蘭人視自己裙子爲貼身私品，從不外借，就可推測出。但是會不愼春光外洩？不會的，一則因呢裙厚重，不易隨風飄起，再說他們穿好裙子後，還在腰際懸上一個小皮袋，直垂裙前，發揮了相當不錯的「鎭壓」功能。

其實蘇格蘭人鍾愛呢裙，雖取其漂亮，但亦因它多變的色澤在古代征戰時，頗有掩護奇效。

由於蘇格蘭每個家族格子呢的顏色圖案各異，而且非同族不得穿同一款式，因此早期各族互鬥時，都是在「爲所穿格呢」而死的共識下出戰。

不僅蘇格蘭各家族互鬥要祭出「呢裙」，就是英格蘭國王喬治四世與蘇格蘭王子邦尼查理爭天下，在一七四五年火併後，不僅制伏了邦尼查理的勢力，還下令強制蘇格蘭人不准再穿呢裙，一直到一七八二年，這項禁令才廢止。

不僅蘇格蘭人對格子呢有特殊的情感，事實上，大多數人也都因其繁複的編織法、鮮豔的色彩所迷。套句蘇格蘭最有名的詩人華特史考特爵士所言：「如果有人不爲熱情的格子呢所感，那麼，他的心必像死人般冰冷。」

蘇格蘭人對格呢裙的傳統不會放棄，因爲格呢裙已經被世人視爲蘇格蘭人的象徵。蘇格蘭兵團到現在還是以裙子爲他們的正式制服；在英格蘭、蘇格蘭橄欖球隊對峙時，蘇格蘭的球隊一定先穿上格呢裙上場，以示特色和團結；蘇格蘭人婚禮上，男人也都穿格呢裙。

風笛在蘇格蘭也一直是流行的一環，沒有任何其他音樂比這狂放的短笛聲更令人興奮和鼓舞的。這種典型的蘇格蘭樂器據說是從牧人的短笛演變而成，由凱撒的大軍帶到愛爾蘭來的，一直流行至今。蘇格蘭人是最愛故鄉的民族，那是因爲他們素以蘇格蘭首府愛丁堡自傲，他們視愛丁堡爲天堂，他們更以保留格呢裙和風笛的傳統爲榮。

威士忌原係西元五〇〇年，愛爾蘭僧侶用傳統土法釀造供當地人「澆愁」的燒酒，口味火辣拙劣，傳到蘇格蘭後，蘇格蘭人用自己的智慧，改用蒸餾等新法，將它改釀成儀態高雅、性格柔軟有口皆碑的國牌飲料，而風行全球。蘇格蘭（scotch）成了威士忌的暱稱，連帶使英國也受到世界各國的重視。

伍、英國政客的獨特性格

英國政客的特殊性格從「貴族院」和「平民院」那些議員開會的情景可充分顯示出來。英國國會上下兩院的議員，在正式會議中，彼此都硬不承認對方，都說只有一個國會，那就是他們自己出席的那一個，從不提另外一個 House。

「貴族院」裡開會討論問題，井然有序，坐姿端正，神情認眞，而平民院裡那些民選的議員在會議中，有的雙腳高蹺在前排椅背上，有的則勾肩搭背，相互傳話，有的則乾脆閉上眼睛，把頭一仰，大睡其覺，各種怪形怪狀，不一而定。

做爲一個英國式的政客，他必須：第一，若無其事；第二，氣定神閒；第三，指鹿爲馬；第四，大言不慚。若果不能具備這四個條件，便不能成爲英國式的政客。

要做政客，往往在公開場合，遭人辱罵，甚至被人扔雞蛋，若抵受不了，也不能、不配成爲政客。既成爲政客，便會對一切辱罵一笑置之，對扔來的雞蛋，一抹了之——雖然政客有永遠抹不完的汙穢。

政客雖然需要東張西羅，但仍要掩飾內心世界，充分利用演技去表現出一種氣定神閒的模樣，使觀眾對他信心十足。

在政治上，根本無分黑白，把黑說成白，把白染成黑，是政客的試鍊。不過習慣成自然，功多會藝熟，因此，指鹿為馬，並非什麼大不了的事情。既然並非大不了的事，因此政客無論說什麼話，做什麼事，都不把它當作甚麼一回事。亦因此，政客的最高境界是大言不慚。

由此引申，英國式政客的特徵有四：第一是招牌；第二是臺風；第三是唱功；第四是招式。

招牌就是標誌，你使人一看就知，很難假冒。邱吉爾永遠含著雪茄，威爾遜就經常咬著菸斗。臺風就是形象，馬卓安之所以上臺，原因就是成功的重新包裝。唱功就是技術，鼓起如簧之舌，使觀眾感到似此而非，似有實無。招式就是花樣，就算耍雜技，亦需要經常變通，在必要時，來一套障眼法，絕不能「五十年不變」。

政客的更高層面，是政治家。英國不乏出色的政治家，前有邱吉爾，後有柴契爾夫人。不過，要先做好一個政客，才可以當一位政治家。在英國，政治家轉一個身，自然是政客，若不具備政客的條件，便不能發揮政治家的成就。

政客是英國專有的產品，也是世界的罕有動物，明乎此，我們對於前首相布萊爾可以理解，甚至可以諒解。

中國式的政治運作，往往是敲鑼打鼓，一鼓作氣；英國式的政治運作，則是沉著應付，靈活變通。二〇〇九年初布朗首相的下臺危機，臨危得救，便是最佳的示範。

許多英國人都認爲，布朗的上臺是由於前首相布萊爾突然逼宮；布萊爾離去，他的手下仍在，對著布朗逐步逼宮的，反而是布萊爾的親信，不意布朗在最後關頭，竟然照樣認錯，並承諾虛心改過，無疑是英國式政治的特性，英國式政客的德性。

特性是靈活變通，德性是沉著應付，在最後關頭，來一次翻身。至於工黨議員不正當利用公帑，只是一個藉口，眞正的理由，還是布朗的經濟失誤。

二〇〇八年初，英國人的平均生產值在大半個世紀後，第一次重新超越美國，但到了二〇〇九年初，經濟竟然陷入谷底，何時從谷底爬起，布朗又如何從谷底浮起，變成了一個議題。

近代英國，冒出了兩位最偉大的經濟學家，其一是十八世紀的亞當．史密斯，是自由經濟學的鼻祖，肯定做爲無形之手的市場的動力，才是經濟發展的法力，市場比政府更懂得經濟。

其二是二十世紀的經濟學大師凱恩斯，既否定放任，亦不贊同干預，最好是微調的方法。柴契爾夫人用了微調的方法，振興英國，布萊爾亦用微調的方法繁榮英國。

但布朗一上臺，竟然一改傳統，和當時的美國總統布希合流，奉行自由經濟，進一步擴充金融服務業，開拓金融衍生工具，結果，熱錢、游資氾濫，資產價格急漲，形成英國歷史上最大的資產泡沫。泡沫爆破時，金融黑洞便出現，引發金融海嘯。

亞當・史密斯的故鄉克加地（Kirkcaldy）亦是布朗的出生地和成長處，因此布朗是亞當・史密斯的信徒，凱恩斯的叛徒。

以往布萊爾的微調方法，最多只試行膨脹式的經濟，將經濟膨脹至接近飽和的階段，便進行收縮。收縮過後，又再次膨脹，小心地觀察，精密地操作，是典型的英國式經濟政策，有別於美國的泡沫化經濟，但布朗卻反其道而行，結果是短暫的光芒。

在二〇〇八年初，倫敦成爲全球第一集資中心、第二大金融中心，但這只是曇花一現，當風光不再時，布朗最懂得變通。經濟上他進行急轉彎，政策上夠膽下重藥：對銀行大注資，結果英國無一大銀行倒閉，美國反而有三十多家關閉；對貸款大減息，比美國更快恢復資金的流通；對市民的大派錢，結果倫敦不若紐約，開始蕭條；對英鎊大貶值，增加出口，增強英國的競爭力，結果英國股市重回二〇〇九年五月的樓價，居然上升了百分之二點六。

連諾貝爾經濟學獎得主克魯曼都認爲，布朗應付金融海嘯的方法確有一手，同時亦肯定，在歐美國家中，英國會首先經濟復甦。

英國的經濟，成也布朗，敗也布朗，但起也布朗。二〇一二年輪到英國辦奧運，布朗已經不是首相了，但倫敦仍可能有幸再度繁榮，原因只有一個：是英國式政治以至政客的沉著應付、靈活變通。

二〇一〇年四月十五日、二十二日和二十九日，英國三大政黨工黨黨魁布朗、保守黨黨魁卡麥隆和自由民主黨黨魁克萊格爲國會大選舉行三場公開電視同臺辯論，這是英國歷史上第一次，但三個黨魁在三場辯論中的表現，卻都有老牌民主國家政客的風範，不僅辯論政策，而且言辭犀利，卻絕不涉入人身攻擊。

更重要的是，在辯論會場外，他們也保持風度，絕不會逮到對手小辮子就濫灑狗血、亂噴口水，更不會拿對手或他們配偶的過去紀錄，大搞人格暗殺的下流伎倆。

舉例來說，布朗在三場辯論中都被民調評爲輸家，工黨民調更是低迷不振，連他自己在最後一場辯論結束前都承認：「如果情況沒有改變，保守黨和自由民黨在幾天後就可能組成下屆政府。」

布朗不但是辯論輸家，他在第三場辯論前夕拜訪選民時，忘了別在衣襟上的麥克風未關，便在車上向幕僚抱怨一位六十六歲的「達菲大嬸」，說她是個「偏激的女人」，這則被媒體定位爲「偏激門」的醜聞爆發後，布朗選情更遭受毀滅性的衝擊，許多人都以最後一根稻草來形容這場災難。

但恨不得布朗立刻崩盤的兩個對手，並沒有趁機大打落水狗。自民黨黨魁克萊格，只輕描淡寫地說：「他既然被錄下說過那些話，就必須要解釋清楚」；入主唐寧街十號呼聲最高的卡麥隆，更從頭到尾沒有一句評論。

對敵人仁慈就是對自己殘忍，臺灣政客對這句話耿耿於懷，英國政客卻並不在意。

布朗雖然曾經嘲笑卡麥隆的貴族背景，形容他有許多政見「好像是在伊頓公學操場上做夢想出來的」，但對卡麥隆曾參加惡名昭彰的「布靈頓俱樂部」，以及涉嫌吸食毒品的過去，卻從來不曾拿來大做競選文章。

克萊格二〇〇八年接受《GQ》雜誌訪問時，雖然已是自民黨黨魁，但他卻在訪問中直言不諱地說他睡過的女人超過三十個；英國媒體雖以八卦大爆這則舊聞，但他的兩個對手卻沒拿他的風流性史來詆毀他的人格。

甚至連他們的配偶，卡麥隆的莎曼姍、克萊格的杜蘭蒂絲，也沒有成爲選舉的受害者。莎曼姍腳踝上有個刺青，年輕時也曾拍過許多風情萬種的照片，其中一張走光照還被登在報紙上。杜蘭蒂絲跟克萊格雖已結婚多年，但她至今尚未入籍英國，仍然是個不折不扣的西班牙人。但她們丈夫的競選對手，卻沒有指控她們道德敗壞，或質疑黨魁的老婆是外國人，可能涉及對國家不忠等等。

這種情形如果換成是臺灣政客，對手的這些資料落在他們手裡後，結局會是怎樣？布朗雖然可能失掉選舉，也失去政權，但君子有所爲，有所不爲，這也是英國老牌民主國家政治文化和政客的成熟表現。

英國保守黨在野十三年，二〇一〇大選中推陳出新，讓年僅四十四歲的卡麥隆任黨魁，卡麥隆曾就讀伊頓公學和牛津大學（牛津曾培養出二十六位英國首相）。

卡麥隆成了倫敦唐寧街十號的新主人之後，為了突破英國經濟瓶頸，減少支出，改善財政赤字，於宣示就職時便宣布聯合內閣閣員減薪百分之五，自己走路上班，並拒絕警方派員護衛。副首相自由民主黨黨魁克萊格也捨專用積架轎車，與其他上班族一樣擠地鐵，充分表現出了他們做為二十一世紀英國政客的平民作風。

以前，在世界政治舞臺上，大家都認為英國政客是老謀深算的，可是自二次世界大戰後，由於邱吉爾的凋謝，後繼的英國政客幾乎墜落到無可救藥的境地。十九世紀以前的帝國主義自大狂，加上二十世紀時代沒落王朝的自卑感，使他們在世界舞臺上所扮演的角色搖擺不定。他們笑美國人幼稚、衝動而且缺乏沉思的理智；但自己所表現的卻仍是老大、愚昧和並不圓融的冷酷和狡滑。是否真能有所變革，世人都在企盼。

陸、英國女人的獨特性格

英國的女人，個個能幹勤快，有責任心。英國一般女性都不太多話，相當謹慎，這是做爲一個賢內助必備的條件。她們婚前就已經開始照料自己的男朋友，結婚以後，大多數會死心塌地的跟著丈夫過日子。一般的內務幾乎都是妻子打理。通常英國家庭從客廳到浴室，都會收拾得一塵不染，地毯、窗簾、桌巾，都像剛剛洗好的樣子，小孩子上學也是一身光鮮。主婦每天的生活開始於早晨七時左右，於晚上十一時左右結束。

每天在這漫長的十五個多小時中，她們是廚師、司機、女佣及保姆的綜合體，但她們不但不會忙得昏頭昏腦，而且還能抽出時間來參加教會和慈善活動。主要的原因是她們能有計劃的控制和分配時間，以家庭科學式來管理及擁有現代化設備。她們天不亮就起身，給全家準備早餐，等到丈夫上班和孩子上學後，就換上工作服開始勞動，整理、洗刷、蒔花、修樹、剪草，總要忙到下午四時孩子放學回家後，才休息一下再和孩子一起喝茶，喝完茶後預備晚餐，晚飯後看看電視，才算鬆弛下來。

英國的家庭是以主婦做靈魂，他們的家庭有兩個共同特點：一是沒有雇佣人，遇有必要時才請臨時工；二是家庭中多具有一種寧靜的氣氛，這種寧靜的氣氛，大都是出於那些大小不一，四季花木燦爛的庭園。一般家庭都有青蔥庭園，百花競放。當客人上門拜訪時，耳聽、目睹、鼻聞，會使人精神為之一爽。一般英國家庭都有一間布置大方、漂亮而典雅的客廳。冬季寒冷時，壁爐火光熊熊，一杯清茶，一杯摻水的威士忌、一碟精美的點心，伴著笑容可掬的主婦，再加上親切的招待，使人賓至如歸，流連忘返。

英國女人的確有著「有教無類」的精神，隨你多麼冥頑不靈，也不得不在她善意和耐心的調教下就範；英鎊儘管貶值，英貨儘管滯銷，英國的保姆和威士忌酒卻一樣總是高高在上，受人尊敬。在男女兩性的競爭中，別的地域的女人也許會利用女人的身分得位取寵，只有英國的女人是用「道德的力量」感化男人。

珍・奧斯汀（Jane Austin）筆下的愛瑪是一般英國女人的寫照，她聰明、好動，以助人為樂。就拿南丁格爾來說吧，為什麼她不是德國人，不是法國人，不是西班牙人，也不是義大利人，而偏偏是英國人呢？難道德國、法國、西班牙、義大利的男人不喜歡打仗嗎？打了仗難道不受傷，受了傷難道不要人照顧嗎？惻隱之心雖然是人人樂於具備的美德，然眞正能夠摩頂放踵以利天下的畢竟不多，只有英國女人會「傻氣」得不顧後果，義無反顧。

英國女人也是一種死心眼兒，常常自以爲是的人物。她所稱許的人和事固然不容他人輕易貶抑，她所不取的人卻也難得使她回心轉意。一般英國女人把一件事的當與不當（proper or not）看得十分重要。恰當的事像愛護動物、幫助弱小、喝茶時用茶杯茶盤、用餐時先得烤熱碗盤、每週吃一次烤肉、一年一次大掃除等等，無不鼎力以赴，努力去完成。她們認爲不當的事則一概不予理睬，包括一切旁人的流行喜好，不管旁人多麼熱中，她都嗤之以鼻。

英國女性從小就被教導，所謂流行只是一種對現有制度的挑戰，因此，對服飾這檔子事，根本就抱著「隨意」態度，習以爲常。

像英國約克公爵夫人莎拉，她的服飾、髮型、化妝，甚至於身材，經常都是新聞界苛薄評論的對象；名熱門歌手鮑伯蓋爾多夫永遠都是那副邋遢模樣。但他們都能怡然自得，不受外界輿論干擾。

英國人一向是以幽默感聞名於世的，那些下筆如刀的文人，像王爾德、蕭伯納之流的急智和機鋒是不必說了，就是一般的販夫走卒，也常能微言冷語，口角生風。而出語詼諧的多半是男人。英國的「乾幽默」（dry humour）所以能夠成為英國男人的專利品，實在和英國女人的性格大有關係。由於英國女人常常一本正經，自以為是，無意之下給冷眼旁觀的男士提供了不少笑料。同時，由於她們天生的寬宏大量，不去計較這些拿她們取笑的話，她們的男人才有了放言無忌的機會。

英國女人早已拋棄過去怯懦的性格，而成為現代新女性的典型，她們能夠使男人們在婚前都不敢詢問她是否係處女。她們在婚前非常注意自己的一舉一動，一言一行，與法國少女成對比。她們喜歡閱讀，無論在地下鐵、公園、宿舍或家裡，經常手不棄卷，不但喜歡看流行小說，也讀歷史、哲學、時事，甚至於生物學等，涉獵極廣。

一般英國女孩比較樸素，不尚奢華，不但可同歡樂，並且可共艱苦。但她們並不呆板，在公開場合中，她們不忌男伴的親密舉動。

英國婦女打從二十世紀初以來，追求社會地位平等，雖說成效良好，進展頗速，牛津與劍橋大學傳統上只招男生的某學院現已開放門戶容納女生；倫敦股票市場，經紀人本是男人獨占的行業，現亦打破傳統，不再排斥女性。但男女待遇差別現象仍然存在，例如保險購屋貸款等，婦女仍居附屬地位；政治上直至一九七九年，一個在父親雜貨店長大、做了一個酷好杯中物商人的太太——柴契爾夫人，當上了英國首任女首相，也成爲西歐各國史無前例的女性政治領袖，夫婿丹尼爾．柴契爾婦唱夫隨，做了太太的跟班，成爲名副其實的第一「夫」人，這對英國女性地位的提高，具有重大意義。

柒、英國「新新人類」的獨特性格

英國人是崇尚嚴肅（至少在表面上）、講求禮儀的。但這種傳統近來似乎已經不太爲青年人所嚮往。於是在青年人，尤其是未成年的少年們（teenagers）當中，出現了「披頭」（Beatle），也可以說他們是「阿飛」。他們不理髮，穿尖頭高底皮靴，衣著不整，手彈吉他，唱著不成調子的歌曲，以彈彈唱唱、跳跳蹦蹦爲樂，只求目前一時興之所至，不問將來和其他。這一批人是英國青少年們崇拜的偶像，尤其是女孩子們，崇愛他們如痴如狂。

以伊登學院所在地的溫莎鎭爲例，南端是英國女王伊莉莎白二世常住的溫莎離宮，北角是「紳士養成所」的伊登學院，但在這樣文靜的泰晤士河橋頭，偏偏又是太保們（Rockers）聚集的場所。這幫青少年，身穿釘滿白銅扣子的黑皮夾克，足登長靴，駕駛摩托車，疾風電馳，招搖過市。在街頭巷尾行走，隨意大聲吼叫，旁若無人，把英國人的傳統禮貌、善良風俗，破壞無遺。他們的惡行，與莊靜的溫莎鎭和彬彬有禮的伊登學子，正好成爲對比。這種情形在英國紳士傳統社會裡，掀起一股逆流。英國人感慨地說，國家昇平日久，軍隊縮編，使許多精力過剩的青少年無處發洩他們的活力，以致造成這樣的社會問題，在紳士社會中，爲眾人所詬病。但老一輩的英國政客認爲，這只是一時的變態現象，時過境遷，終將消失在長遠而濃厚的紳士氣氛中。

許多老一輩的英國紳士，對這些惡少大都視而不見。某次，在從溫莎通往倫敦一列禁菸（No Smoking）的火車車廂裡，坐著一個典型的中年紳士。中途忽然又上來一個酗酒泥醉，氣勢凶凶的不良少年，口中叼著紙菸，一面深深地吸著菸，一面胡言亂語，一股勁兒在這個中年紳士的正對面坐下。這個紳士看了他一眼，於是引起了這個不良少年的惡行。他先責問爲什麼看他，繼而在約摸二十多分鐘之間連續舉起腳來踢了這個中年紳士好幾下。可是這個中年紳士連動也沒動，竟全未理睬他，照樣看報，神情自若，充分表示他對這樣的傢伙不屑一顧。他不是畏懼，害怕事情鬧大，只是表示看不起他，不屑站立起來，給他一巴掌，使他難堪，反而有失紳士風度。火車到站，這位中年紳士，從從容容走出車廂。這種涵養——容忍、從容，不露聲色的紳士態度，不是其他國家的中年人學得來的。英國紳士眞有一套！

夏天公園的草坪上，冬天火車的車廂裡，都是英國青年男女擁吻的好場所。有些情侶甚至當街擁吻，旁若無人；少女會主動勾住愛人脖子，久久不放，其陶醉痴迷，絕不亞於法國巴黎的小妞。他們要在 open air 之中，充分享受 privacy 的權利。誰看他們，誰就侵犯了他們的自由。好在英國紳士脖子是硬的，眼睛是直的，可以視而不見。這種瞠目而硬裝做沒看見的姿態，也是英國人紳士派頭的表現。

英國人家裡，連天花板都糊滿壁紙，上等人家裡，舉凡窗簾、沙發椅套和僕傭的衣飾都得選擇同一花色的印花布；穿到正式場所的服裝只能採用黑、白、紅三種顏色，十分單調。然而除了自家臥房，在英國任何地方都叫做「正式場所」，這就是爲什麼英國有越來越多的年輕人加入奇裝異服的「龐克族」，不修邊幅、行爲放縱的原因。

一般說來，英國人現在雖還保持著紳士作風，但是街頭上不但那種戴高帽子的年輕紳士已罕見，就連戴小禮帽、穿著華服的年輕人也不多。現在絕大多數年輕英國人的衣著已經顯得十分隨便，多數年輕英國男人都不再戴帽子，少女衣飾華貴的也不多見。

捌、法國人眼中的英國民族

英國人的生活方式和鄰近的法國形成了極大的對比，法國人開朗熱情，像是個屬於陽光的民族；而英國人由於氣候陰沉的關係，平日的活動則較喜歡保守的室內活動，最典型可以從四處林立的 pub 和 tea house 看出。pub 是英國人平日最常去的場所，在拘謹工作一天下來，pub 是最佳的宣洩場所，可以大聲地高談闊論，喝酒聊天，對平日保守慣了的英國人而言，是一個絕佳調適情緒起伏的地方；下午茶則更是英國人每天都不可少的生活調適，自不在話下。法國人對此兩者則並不重視。

法國人熱愛美食，在席上逢人必說 Bon appetit，那是法國禮貌，祝你「好胃口」。但是英國人熱愛餐桌禮節，擺餐具的時間永遠比吃飯的時間長；用餐過程絕對禁止打嗝、抓腦袋和剔指甲，這些動作是不衛生的，會妨礙同桌人的胃口；喝茶或喝湯都不許帶響聲兒，雖然英國人擤鼻涕的力道往往可以掀掉屋頂，法國人如此說。

法國人愛吃田雞腿，田雞和蝸牛是法國名菜，舉世聞名。法國一家語文學校，以田雞做為法國人的形象，在巴黎地下電車裡，大幅廣告張貼展示小蝌蚪蛻變成英俊瀟灑的「青蛙王子」，用以比喻他們所創辦的初級法文班到法文精修班的成果。

法國人在國際語言上有優越感，總認為法語是西方語文的鼻祖，每當有外國人用英語搭訕對話，法國人明明可以用英語回答，卻假裝聽不懂，不予理會。法國人說：「英語是英國人當初沒有學好的法語。」

「青蛙王子」原本是自古以來英國人用以揶揄隔海鄰邦法國人的謔稱。英國人認為法國人太沒格調，連做為「王子」的青蛙也吃，顯示他們野蠻沒有人性。

法國人的性格和英國人可以說是南轅北轍。法國人浪漫成性，對男女間的關係看得相當隨便，言行舉止都離不了性的色彩。

法國男士在街頭見到陌生妙齡女郎走過，可以上前搭訕，甚至做出肌膚之親，對方也並不在意，甚至會回眸一笑，這意味著對女性的讚美與期許。但看在英國人眼裡，是不尊重女性，簡直不成體統。

可是，法國人卻說，英國人始終沒有捨棄維多利亞時代遺留下來那襲婦女僵硬緊身古裝般的禁欲規條。你若不信，他們會舉前首相柴契爾夫人的例子來做說明。早前柴契爾首相任內到希臘參加歐洲聯盟高峰會議時，希臘總理帕潘德利奧做東道主，偕其情婦黎西妮，爲歐盟各國元首舉行歡迎晚宴，柴契爾首相多次向帕潘德利奧投以憤怒的眼光，甚至拒絕與他私下交談（柴契爾夫人一向被世人視爲維多利亞時代價値觀的守護神）。當時英國的泰晤士報報導，柴契爾首相下令停止研究英國人性愛習慣，聲稱此舉嚴重妨礙私人生活。英國醫學界對此項禁令保持緘默與順從。但據研究報告指出，英國至少有三萬名已婚婦女仍保有「處女」之身，性愛是英國人傳宗接代「不必要之惡」。這在法國人聽來，簡直是荒唐。

英國人待人接物一副紳士派頭，彬彬有禮，這在法國人看來，未免過於虛假、裝作、僞善，不是「禮多人不怪」，而是「禮愈多愈怪」。

法國人譏諷英國所謂的「紳士」都是世襲的產物，英國人追究某某人的出身背景，比追究純種狗的血統還要嚴謹，這些在法國人看來，完全是勢利，虛僞得非常可怕。在任何超過三個英國人的場所，不管是走路的先後秩序，或入座的排名，他們都會自動根據門第、行業、頭銜等魚貫進行，絕不會出任何差錯。如果門第、行業、頭銜等都打成了平手，也會按照男女、長幼爲序。爲了決定是否稱你爲 sir，英國人不會直接問你，卻可能四處打聽，用旁敲側擊的方式研究和探討你的年齡，即使花上一年的功夫也在所不惜。法國人對英國人的門第觀念往往直截了當地表示十分厭惡。

英國人老是認爲全世界就只有英國人懂得規矩，這點法國人倒有同感，而且可以找出很多明顯的例子。

你踩了英國人一腳，除非他自認不是一位紳士，否則他一定馬上大喊一聲「對不起」。

法國人眼中的英國人，是守舊、頑固、傲慢、迷信中庸之道、缺乏權變能力的奇怪人種。老一輩的法國人大都讀過法國作家 Andre Maurois 那專門討論英國人「國民性」的著作《私人宇宙》。書中提到，他初抵英國簡直有如置身於另外一個星球，英國人的冷漠與矜持，真叫人難以消受。兩個已經過正式介紹的人，在路上碰頭，照樣形同陌路，見面三次以上，交談的話永遠不會超過三句寒喧的慣用語。Andre Maurois 說的是曾祖父級的英國人，他們的子孫應該「進化」一些了吧？不，法國人相信，除非一個英國人變成了龐克族，否則他就不可能對一個「才」見面三次的「陌生人」說出第四句話。

英吉利海峽海底隧道是有史以來世界最大土木工程之一，也是世界最長的海底隧道，用了一億七千萬人力小時建造，五千名工人從一百五十公里長的隧道挖出七百五十萬立方米的泥土，相當於埃及金字塔的三倍。正如倫敦《泰晤士報》所說，這是「驚人的成就」，把整個歐洲連接在一起。

一九九三年二月十二日，也就是英、法兩國簽署協議建造此一海底隧道整整八年之後，一百一十八名英、法青年男女，從法國出發，沿剛好竣工的海底隧道步行五十公里到達英國，爲慈善募款，他們都興高采烈，因爲不只籌到兩百萬英鎊的慈善基金，還因爲他們是自冰河時期以來，首批從法國步行到英國的人類。

五月六日，英國女王伊莉莎白二世與法國總統密特朗主持了英、法海底隧道啓用儀式後，英、法兩國工人情不自禁地相互擁抱、親吻祝賀，觥籌交錯，高舉兩國國旗，大喊「英、法友誼萬歲」，互稱「兄弟之邦」。然而法國人在這方面卻加了註解：「英國和法國不是朋友之邦，只是兄弟之邦，因爲朋友是自己找的，兄弟不是，法國不會選英國這種冷漠、保守的國家做友邦。」兩國傳播媒體跟著相互冷嘲熱諷，詆毀醜化對方。

在英國《每日鏡報》、《鏡報》、《太陽報》等，都成篇累牘地重翻舊帳，詳細臚列兩國之間的舊恨新仇，用最大篇幅數落對方，甚至罵法國人是「狗養的」（Son of Bitch）。

法方各報章雜誌也不甘示弱，諷刺英國人是頑固、墨守成規、冷漠矜持而又無情無義的奇怪人種，簡直像「外星人」。這又顯示英國人固然沒有豁達、寬容的美德，法國人也好不到哪裡去。

英國人不喜歡法國人，是很早就有的仇法情緒。早在十八世紀，英國名小說家霍瑞斯．華鮑爾就說：「法國人的傲慢和優越感是我討厭法國人的焦點。」

英國人一向把法國人當作死對頭。在國際上，法國永遠是英國最頑強的競爭對手，處處打壓英國。東、西德合併統一後，法國人最怕德國很快會變成一個世界超強國家，可是法國還要在德國與英國之間爭「平衡」均勢。

英國這個「兄弟之邦」在法國人眼中，總應該有些好處，孤懸海外的英倫三島的存在，使得法國因此位於西歐的中心地點，而英吉利海峽海底隧道的鑿通，更使法國一躍而為歐陸東西向交通的樞紐，在後冷戰的歐洲新秩序中，與德國、英國爭食經濟大餅的競奪中居上風。在這時節，法國人因此更加欣賞英國古老諺語「Never explain, never complain.」（永不解釋，永不抱怨）所顯示的「英國式緘默」。

玖、從英阿之戰看兩國的民族性

福克蘭島（阿根廷稱「馬爾維納斯群島」）面積一萬二千一百七十三平方公里，人口三千一百零五人（二〇〇七年七月），首府史丹利（Stanley，位於東福克蘭島）。這個人口稀少的屬地是由南太平洋的一群島嶼所組成，位於南美大陸以東約四百零二公里處，百分之九十七的居民祖籍英國。最大島嶼是東福克蘭島和西福克蘭島。屬地有南喬治亞島、南三明治島群和其他小島。三個以前的屬地——葛蘭姆島、南西特蘭島群和南歐克尼島群，已於一九六二年成為英國屬地，稱為英國南極領地。阿根廷稱此三島為馬爾維納斯群島，並宣稱擁有該群島主權，各說各話，相安無事也就罷了。

一九八二年四月二日，阿根廷海軍第四十特混艦隊，近千名海軍陸戰隊員對福克蘭群島展開突襲，並宣布收復群島主權。三天之後，英軍特遣艦隊不遠萬里，勞師遠征。於是，在大西洋一隅的海天之間上演了一幕現代兵器唱主角的雙雄會：導彈橫飛，戰機翻滾，軍艦對壘，潛艇出擊。經過七十四天的海空大戰，英國重新從阿軍手中奪回福克蘭群島，同年六月十四日與英國簽署停戰協議。但阿根廷迄今未放棄對群島的主權要求。

這便是被軍事家稱爲二十世紀五場最著名的局部戰爭之一的「福克蘭」群島（馬島）戰爭。目前英軍在島上駐紮著兩千多名官兵。

二〇一二年是福克蘭群島戰爭爆發三十周年，英國高調紀念這場戰爭，斥資十億英鎊（約十五億美元）建造的英國「無畏號」戰艦，於同年三月底航往該群島，在英、阿因群島主權爭執而導致關係再度緊繃之際展示軍威。

「無畏號」是英國最精銳的現役「四五型」驅逐艦，配備多種火力驚人的制空武器，此次處女航在南大西洋駐防七個月，並在二〇一二年六月慶祝「解放」三十周年期間，巡弋群島沿海海域，釋出英國無意放棄群島主權的強烈訊息。英國威廉王子已經轉調福克蘭群島服役。此外，英國還允許石油公司在該群島及其附近海域勘探和開採石油。阿根廷認爲，這是英國的挑釁動作。

阿根廷總統費南德茲仍堅稱阿根廷擁有福克蘭群島的主權，英國外相海格則稱這是「英國的海外領土」。

阿根廷爲什麼要突然占領福克蘭群島?它究竟有沒有考慮到英國對此舉的反應、影響及後果?這些都是阿軍出兵占領福克蘭群島之前，事先應該充分考慮到的懸疑問題。

最多聽到的解釋是出於國內的經濟困難，民怨四起，軍人政府爲了轉移人民視線，乃以對外冒險，做爲安定、團結內部的措施。亦有認爲自一九七六年以來，軍人政府施行的殺戮和壓制，已引起人民極大的仇恨，將來一旦還政於民，民選政府很可能會追究責任，翻算舊賬，派兵占領福克蘭島，是爲將來「將功贖罪」打算。

這些推論都各有所據。問題在於，這些都不該是構成決策的因素；而且阿根廷軍政府在決策之時，過於輕敵，沒把英國一切可能的反應置於考慮之列，更未曾想到會引發戰爭。在福克蘭島阿軍投降的前幾天，阿國總統西蒂里曾向義大利名記者法拉西承認，做夢都不曾想到英國會派遣特遣艦隊，更不曾料到會觸發戰爭。他說：「我們判斷英國會有反應，卻不相信英國竟會動員並派遣艦隊，我們看不出有這種可能性。我個人的判斷也是這樣。無論如何，我們不曾料到英國會暴跳如雷，小題大作，從歐洲勞師動眾，遠征南大西洋，我們認爲這是不可思議的事。」

從西蒂里所表示的想法來看，阿國軍政府占領福克蘭群島的決定，出於感情的衝動多於理智的考慮，這是拉丁民族的特性。正由於只從感情出發，往往會無視一些客觀的事實和因素，甚至僅憑主觀去臆測，因而容易做出錯誤的判斷，導致錯誤的行動。

對英國反應判斷的錯誤，固然是軍政府的責任，但阿根廷人民也非全無責任，在阿軍占領福克蘭群島之後，舉國若狂，如醉如痴，可知那是阿根廷人民一致的願望。然而願望與實際總有一段距離，沒有冷靜的理智去考慮英國的反應是最大的錯誤。自己既做軍事上的占領，便得準備面對英國軍事上的反應，不能像投機賭博一樣，稍存僥倖之心。

阿根廷政府還有幾項錯誤的判斷：第一、誤認美阿關係已經改善，美國至少會嚴守中立，不做左右偏袒。第二、過於相信和依靠美洲國家組織的力量。第三、西蒂里承認未曾料到國際間會對阿軍占領福克蘭群島有如此嚴重的不良反應，意指西歐國家對阿國的禁運抵制。這幾項錯誤判斷，都是昧於國際現實利害關係所致，基於感情，就未免失於天眞。

阿國政府既然發現自己對英國判斷的錯誤，在英國海軍艦隊遲未開抵福克蘭群島之前，美國國務卿海格尚在調解之時，便不該固執而堅持決不撤兵。它大可冠冕堂皇地宣稱，爲了「顧全西方團結」，爲了「不使美國過於爲難」而撤兵。這樣做，反而會贏得美國和西歐國家的同情，也更能爭取到福克蘭群島主權談判的有利條件。可惜由於感情支配理智而生的衝動和蠻勁，使阿根廷錯過了這一亡羊補牢的機會。況且，既在福克蘭群島戰敗投降，便該痛定思痛，發奮圖強，不該以自己的失敗而怨天尤人，阿國內部三軍不和，相互攻訐，這都顯示拉丁民族感情豐富有餘，理智明顯不足。

英國人在處理福克蘭群島危機上，表現了與阿根廷人截然不同的一種性格。

英國人始而震驚，繼而憤怒，然而，在憤怒中仍能做出理智的決策。所謂理智的決策，是一方面不惜代價派遣海軍艦隊，下定決心，以武力奪回福克蘭群島，否則英國人便不能在世界上抬起頭來。另一方面，他們也深知，如能化干戈為玉帛，自然是最上策。所以它的艦隊航行特別緩慢，根本說不上是急於去「救火」，把視為自己領土的福克蘭群島，從阿軍手中搶回來，希望美國和聯合國的調解能夠發生效用，不戰而屈人之兵，避免一戰。

戰爭既啓，英國人也仍能保持沉著鎮定，沒有急功求勝，戰艦被阿軍炸沉並不氣餒，最後又能獲全勝而不驕，實屬難得。

英阿在這場戰爭中的比照，阿根廷是感情掩蓋了理智的衝動，未能做到「謀定而後動」，英國能沉著鎮定，以理智指導行動，終能挽回頹勢。

民族性的不同，往往反映在國家的行為上。

拾、蘇格蘭人是高水準的民族，值得中國人學習

研究「現代」世界，就不能不談到英國；只要談到英國，就不可能不談到蘇格蘭人。

因爲，只要深入探討，就會發現今日以英美爲主導的現代文明，幾乎都離不開蘇格蘭人：發明蒸氣機而開啓工業革命的瓦特是蘇格蘭人；近代大哲學家休謨是蘇格蘭人；第一個自動紡織機是蘇格蘭人發明的；歐洲高速公路前身的高速驛道及人工運河的開掘也是蘇格蘭人；蘇格蘭的啓蒙運動開創了影響全球的自由民主與理性；我們可以說，整個大英帝國的核心就是蘇格蘭人。

蘇格蘭人其實不只如此而已。他們後來進入美國，鋼鐵大王卡內基是蘇格蘭人；創立現代電話電報的貝爾也是蘇格蘭人；今日全球教育典範的「長春藤」體系，也係蘇格蘭人所建立。

蘇格蘭人對「現代」世界如此傑出貢獻之中，更重要的是一七〇六年蘇格蘭與英格蘭的「合一法案」（Act of Union），這個法案結束了蘇格蘭與英格蘭長達好幾個世紀的殺戮、惡鬥與糾纏，最後以理性與貿易合而爲一，蘇格蘭保有宗教和自己的司法體系。在「合一法案」之後，蘇格蘭與英格蘭都把以前那種負面內耗甚至非理性的能量，轉化成正面、開創的建設能量。

蘇格蘭人口只有數百萬，但卻得以有整個世界爲舞臺，這個高水準的民族不但自我提升，也帶動英格蘭一起提升，後來更帶動美國快速發展。

蘇格蘭在中世紀時，乃是全歐洲最野蠻落後的地區，但自宗教改革之後，這個窮鄉僻壤的地方開始追求教育、知識，進而胸襟擴大，在自己的局限裡把自己變得偉大。

名作家南方朔於二〇〇九年五月三日在美國《世界日報》「金山論壇」擬文指出：三百年前發生在英國的事，對今天的臺海兩岸，特別是對臺灣，應當有著極大的啓發意義。今天臺灣的種種，乃是中國積弱、內憂外患所致。因此，論悲情，臺灣的悲情乃是更大的中國悲情的一部分；今天的臺灣，由於戰後有了較早的發展機會，但今天中國大陸終究也開始了抓住機會而開始發展。面對中國的高速發展，臺灣仍夜郎自大，自認優越，除了暴露自己的褊狹外，其實毫無意義。

對於臺海兩岸密切交往，獨派亟力反對，但阿扁早已說過「臺獨不可能就是不可能」、「做不到就是做不到」，高喚臺獨除了可以嚇嚇扁政府外，可有任何意義？而扁政府既需要大陸給他業績，但又要滿足獨派的要脅，在那裡玩著「兩國論」的遊戲，這種兩面手法也很快就黔驢技窮。以「臺獨教父」自命的李登輝於二〇一二年五月二十四日接受《財訊》專訪時也說「世界的秩序正在改變，臺灣面對國際上的困難，喊臺獨沒有用。」許信良評論說：李登輝在這個年紀發表這樣的談話，「其言也眞，其言也善。」也正因此，在這個臺海兩岸互動頻繁，依存度也日增的時刻，無論朝野，都必須將負向思考改爲正向思考，用一種新的視野來看待兩岸問題了。

三百年前蘇格蘭的故事可做爲一個新起點。臺灣是在中國最不堪的時代被強迫抱走的嬰兒。時代改變，臺灣要有改變自己，並進而參與中國，替新的中國做出貢獻的雄心壯志。臺灣人要學著去做蘇格蘭人，否則，臺灣在目前這種一切能量都在糾纏中負面化的趨勢下，一切的品質只會沉淪，不應當分裂的社會也將更加分裂，甚或爆發動盪。我們相信，臺灣第一個能在這個問題上做出決斷的政黨，必將贏得未來的主導權。

博雅文庫 015

英國人入門

作　　者　蕭曦清
發 行 人　楊榮川
總 經 理　楊士清
總 編 輯　楊秀麗
副總編輯　黃惠娟
責任編輯　高雅婷
封面設計　吳雅惠
出 版 者　博雅書屋有限公司
地　　址　106台北市大安區和平東路二段339號4樓
電　　話　(02)2705-5066
傳　　真　(02)2706-6100
劃撥帳號　01068953
戶　　名　五南圖書出版股份有限公司
網　　址　http://www.wunan.com.tw
電子郵件　wunan@wunan.com.tw
法律顧問　林勝安律師事務所　林勝安律師
出版日期　2013年 2 月二版一刷
　　　　　2020年 5 月二版二刷
定　　價　新臺幣280元

國家圖書館出版品預行編目資料

英國人入門／蕭曦清著. — 二版. — 臺北
市：博雅書屋, 2013.02
面；　公分. --（博雅文庫；15）
ISBN 978-986-6098-79-6（平裝）
1.民族性　2.英國
535.741　　　　　　　　101026614